Bitte beachten Sie:

Bücher mit aufgetrenntem oder beschädigtem Siegel gelten als gebraucht und können nicht mehr zurückgegeben werden.

Mit freundlichem Gruß
Ihr
Verlag an der Ruhr

Postfach 10 22 51 • D-45422 Mülheim an der Ruhr
Servicetelefon: 0208 / 495 04 98

Auf die **Stelle,** fertig, **los!**

Stellenwert üben
Im Zahlenraum bis **99**

Margaret Hoelter

 **Verlag an der Ruhr**

Impressum

Auf die **Stelle,**
fertig, **los!**

Titel: **Auf die Stelle, fertig, los!**
Stellenwerte üben im Zahlenraum bis 99

Titelbild: **Jens Müller**
(Illustration)

Autorin: **Margaret Hoelter**

Verlag: **Verlag an der Ruhr**

Postfach 10 22 51
D-45422 Mülheim an der Ruhr
Alexanderstr. 54
D-45472 Mülheim an der Ruhr
Tel.: 02 08/43 95 40
Fax: 02 08/439 54 39
e-mail: info@verlagruhr.de
http://www.verlagruhr.de

© für die deutsche Ausgabe
Verlag an der Ruhr 1999
ISBN 3-86072-437-1

Die Schreibweise folgt der
reformierten Rechtschreibung.

Ein weiterer
Beitrag zum
Umweltschutz:

*Das Papier, auf dem
dieser Titel gedruckt ist, hat
ca. 50% Altpapieranteil,
der Rest sind chlorfrei
gebleichte Primärfasern.*

Alle Vervielfältigungsrechte außerhalb der
durch die Gesetzgebung eng gesteckten
Grenzen (z.B. für das Fotokopieren) liegen
beim Verlag.

Inhaltsverzeichnis

Auf die Stelle,
fertig, los!

Vorwort 4

Stufe Eins:

Zahlen im Zahlenraum bis 10

Die Zahlen im Zahlenraum bis 10
erkennen, darstellen und schreiben 5

Stufe Zwei:

Zahlen im Zahlenraum bis 20

1. Die Zahlen im Zahlenraum bis 20
   lesen und darstellen 10
2. Bildlich dargestellte Zahlen erkennen
   und schreiben 14
3. Einer und Zehner einführen 15
4. Zahlen in Zehnern und Einern darstellen
   und aufschreiben 20
5. Erweiterte Schreibweise 27
6. Zehner und Einer mit der erweiterten
   Schreibweise in Verbindung bringen 32

Stufe Drei:

Zahlen im Zahlenraum bis 99

1. Die Zahlen im Zahlenraum bis 99
   lesen und darstellen 39
2. Bildlich dargestellte Zahlen lesen und schreiben 44
3. Die Zahlen im Zahlenraum bis 99 in Zehnern
   und Einern lesen und darstellen 48
4. Erweiterte Schreibweise 54
5. Zehner und Einer mit der erweiterten
   Schreibweise in Verbindung bringen 60
6. Erweiterte und vertiefende Aufgaben 72

Vorwort

Auf die **Stelle,** fertig, **los!**

Ein umfassendes Verständnis des Stellenwertsystems ist notwendig, wenn Kinder mathematische Fortschritte machen wollen; das gilt sowohl für das Zählen, die vier Grundrechenarten, Geld und Maße als auch für das Problemlösen oder die Alltagsmathematik.

So früh wie möglich sollten Kinder schrittweise an das Stellenwertsystem herangeführt werden. Haben Kinder dieses System nicht verstanden, so werden sie beim weiteren Mathematiklernen auf viele Schwierigkeiten stoßen.

Da Mathematik ein grundlegender Teil der Allgemeinbildung ist, müssen LehrerInnen ihre SchülerInnen ausführlich an das Dezimalsystem heranführen.

Diese Arbeitsblätter sollen LehrerInnen dabei eine Hilfe sein.

Zahlen im Zahlenraum bis 10

Stufe Eins:

Wie viele sind es?
Schreibe die Zahlen in die Kästchen.

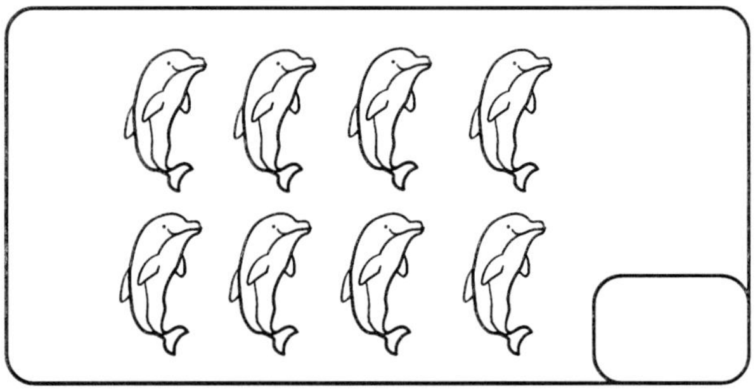

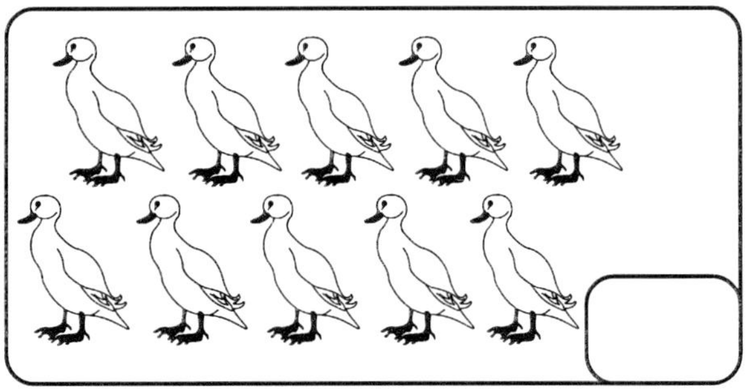

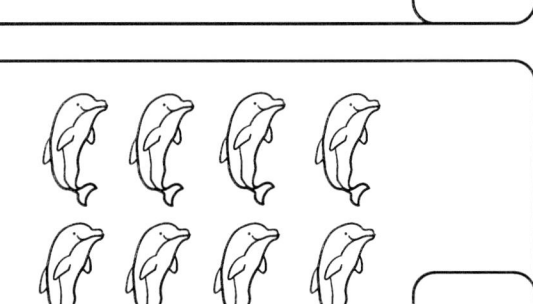

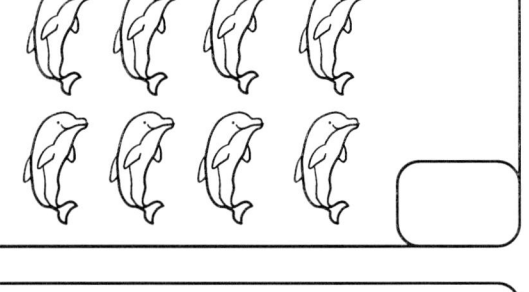

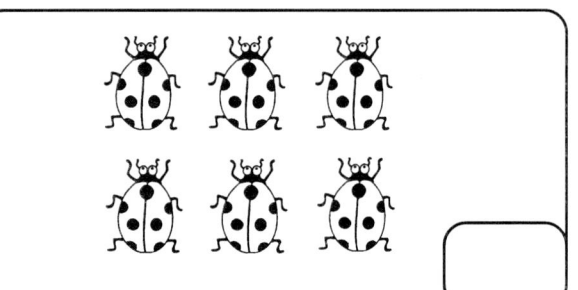

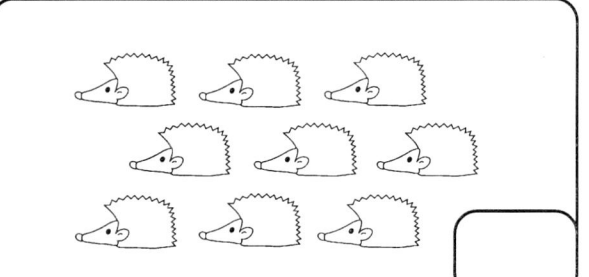

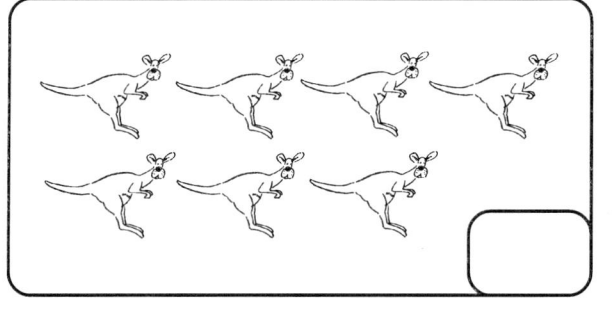

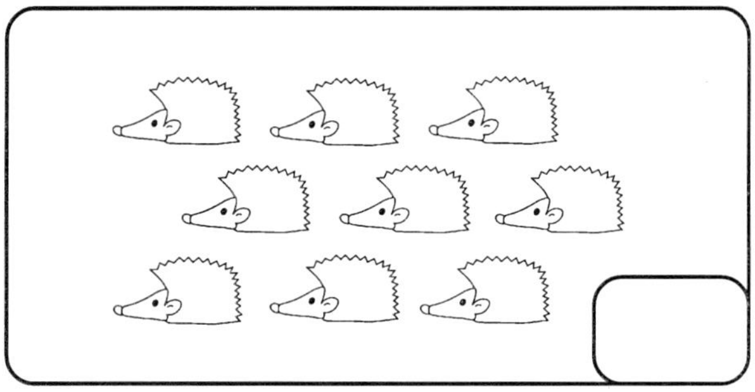

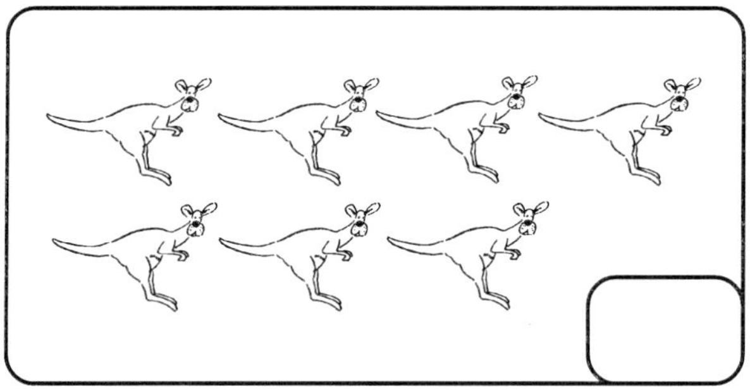

Auf die **Stelle**, fertig, **los!**

5

Zahlen im Zahlenraum bis 10

Stufe Eins:

Schneide die Zahlen aus
und klebe sie in die richtigen Kästchen.

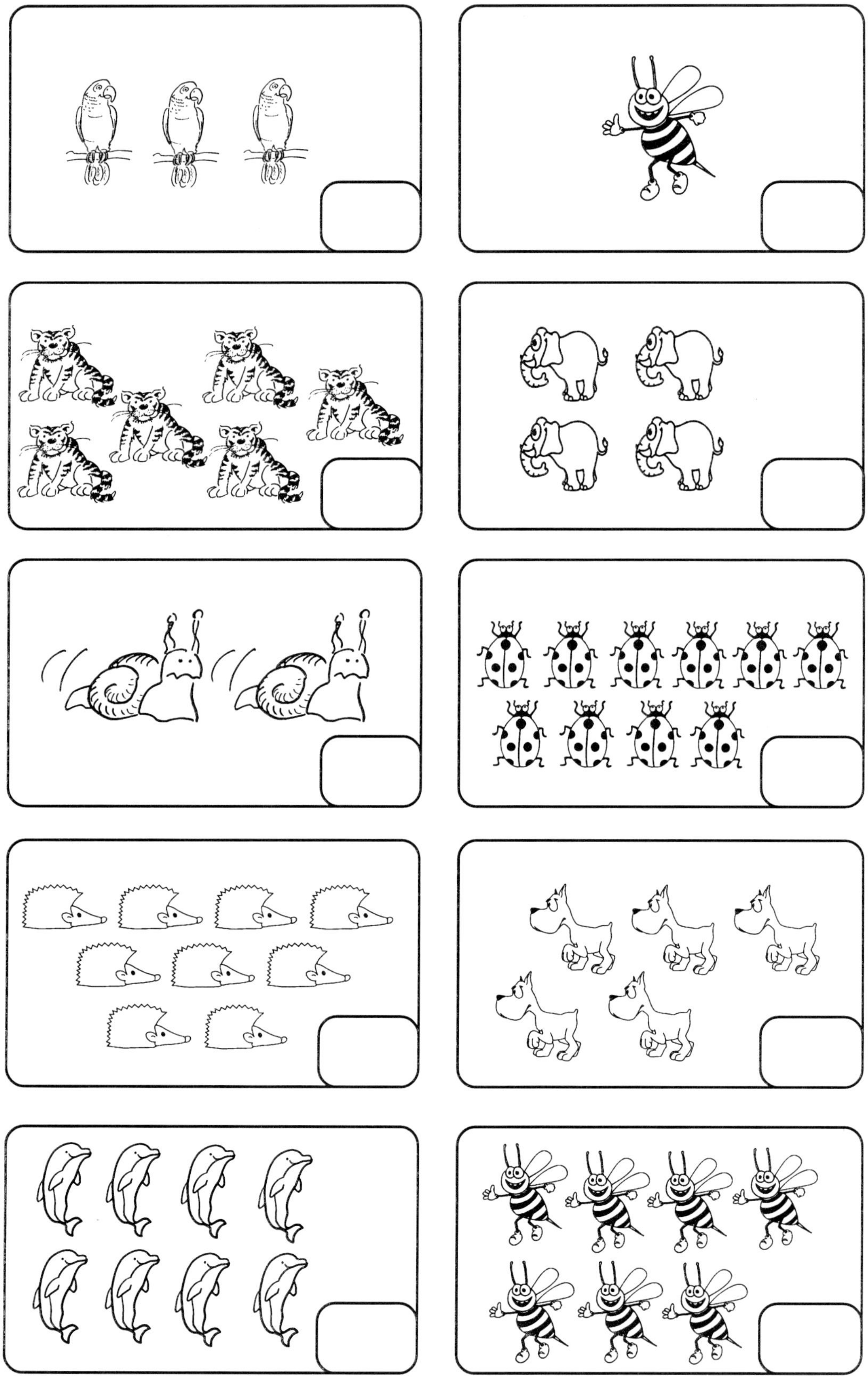

| 1 |
| 2 |
| 3 |
| 4 |
| 5 |
| 6 |
| 7 |
| 8 |
| 9 |
| 10 |

Auf die **Stelle**, fertig, **los!**

Zahlen im Zahlenraum bis 10

Stufe Eins:

Male die richtige Anzahl der Punkte bunt
oder decke sie mit Knöpfen oder Plättchen ab.

9

7

5

3

8

Auf die **Stelle**, fertig, **los!**

Zahlen im Zahlenraum bis 10

Stufe Eins:

Vervollständige die Anzahl der Punkte.

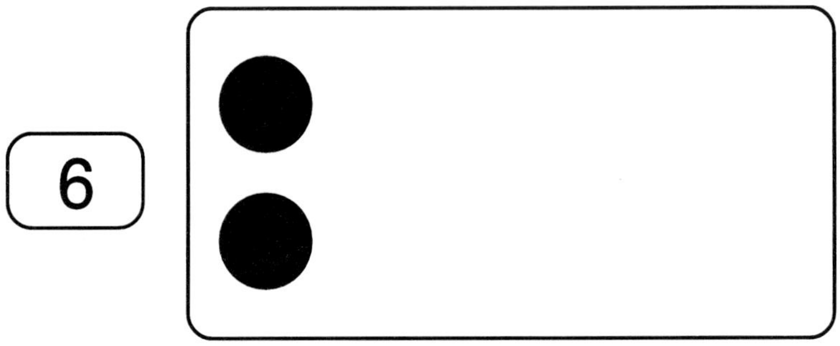

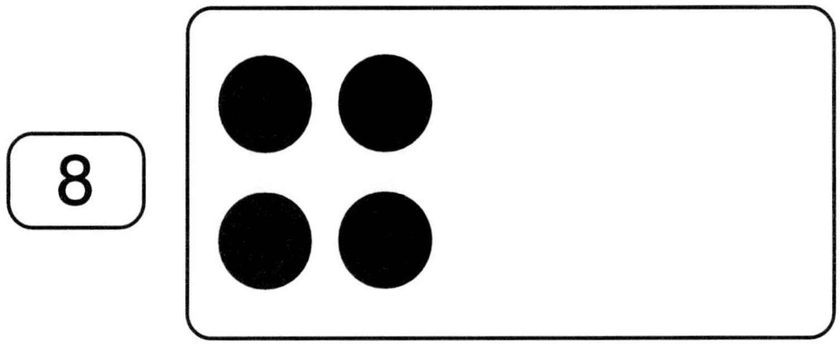

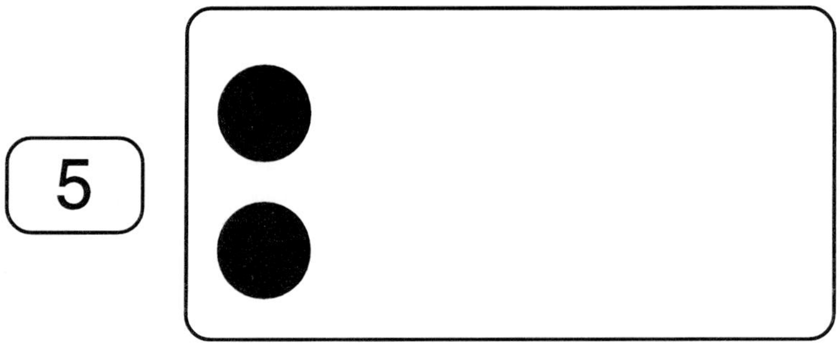

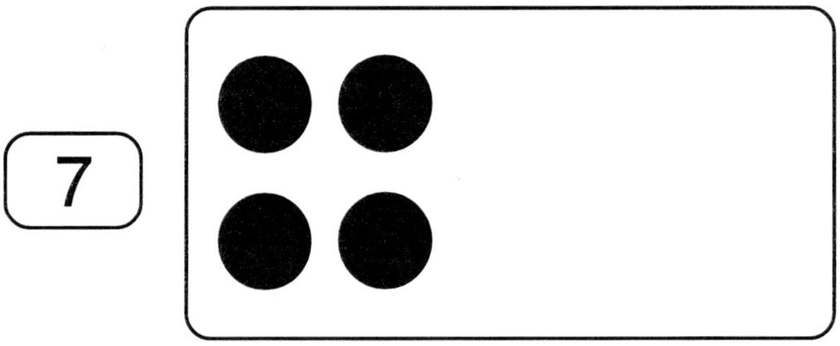

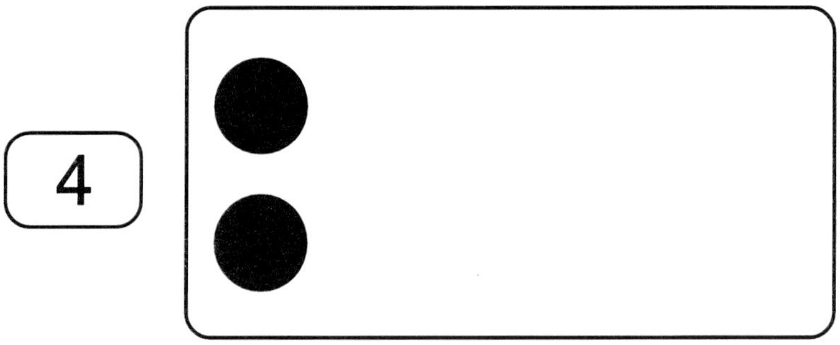

6

8

5

7

4

Auf die **Stelle**, fertig, **los!**   8

Zahlen im Zahlenraum bis 10

Stufe Eins:

Lege die richtige Anzahl Knöpfe
oder Plättchen in die Felder.

8

4

1

10

2

6

7

9

3

0

Auf die **Stelle**, fertig, **los!**

Zahlen im Zahlenraum bis 20

Schneide die Zahlen aus
und klebe sie in die richtigen Kästchen.

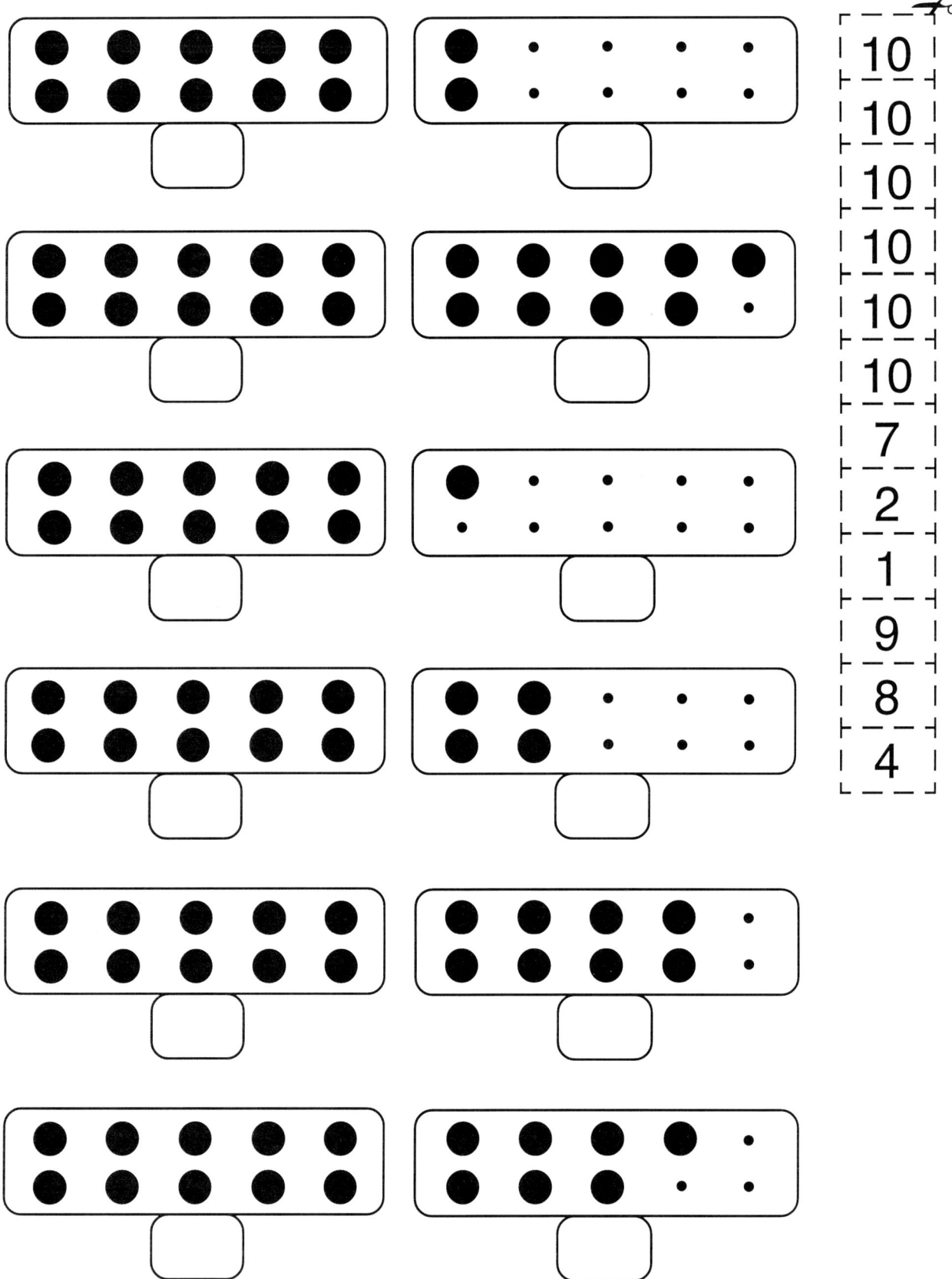

Auf die **Stelle**, fertig, **los!**

Zahlen im Zahlenraum bis 20

Stufe Zwei:

Vervollständige die Bilder der Zahlen.

Zahlen im Zahlenraum bis 20

Stufe Zwei:

Vervollständige die Bilder der Zahlen.

	14	
16		
	18	
20		
	13	
	11	
	17	
15		
	19	
	12	

Auf die **Stelle**, fertig, los!

Zahlen im Zahlenraum bis 20

Stufe Zwei:

Stelle die Zahlen mit Knöpfen oder Plättchen dar.
Beispiel: **15**

10 🔘🔘🔘🔘🔘🔘🔘🔘🔘🔘 **5** 🔘🔘🔘🔘🔘

1	2
10	2

1	6
10	6

1	4
10	4

1	8
10	8

1	3
10	3

2	0
10+10	0

Auf die **Stelle**, fertig, **los!**   13

Zahlen im Zahlenraum bis 20

Stufe Zwei:

Schreibe die richtigen Zahlen zu den Bildern.

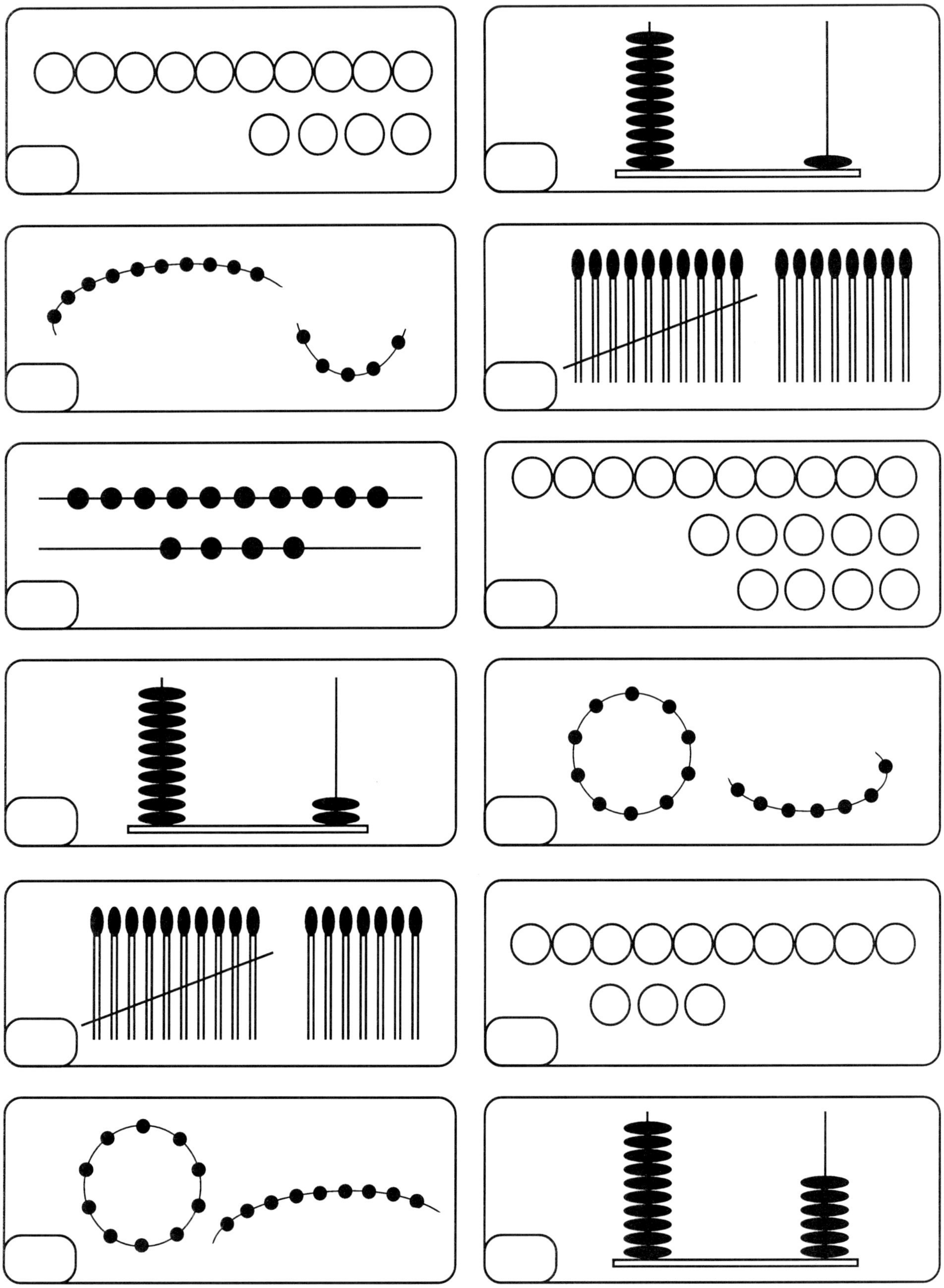

Zahlen im Zahlenraum bis 20

Stufe Zwei:

Stäbe, Knöpfe, Plättchen

Nimm 12   Mach 10

und 2

Nimm 11	Mach 10 und 1
Nimm 19	Mach 10 und 9
Nimm 13	Mach 10 und 3
Nimm 18	Mach 10 und 8
Nimm 14	Mach 10 und 4
Nimm 16	Mach 10 und 6
Nimm 15	Mach 10 und 5
Nimm 12	Mach 10 und 2
Nimm 17	Mach 10 und 7
Nimm 20	Mach 10 und 10
Nimm 12	Mach ☐ und ☐
Nimm 14	Mach ☐ und ☐
Nimm 15	Mach ☐ und ☐
Nimm 17	Mach ☐ und ☐
Nimm 10	Mach ☐ und ☐

Auf die Stelle, fertig, los!

Zahlen im Zahlenraum bis 20

Stufe Zwei:

Zeichne die vorgegebene Anzahl Plättchen auf
die Stangen. Schreibe die entsprechenden Zahlen
in die Kästchen.

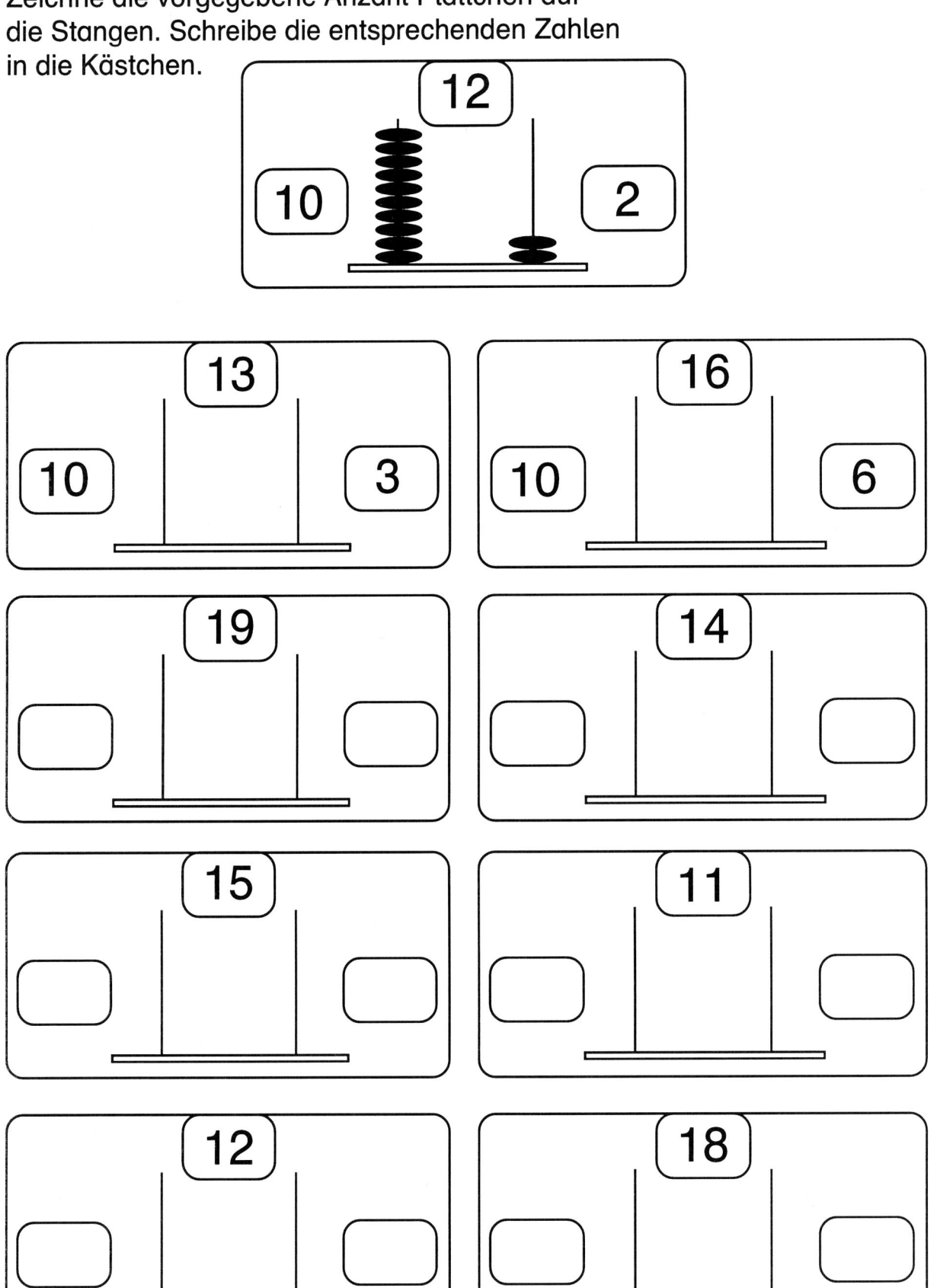

Auf die **Stelle**, fertig, **los!**

Zahlen im Zahlenraum bis 20

Stufe Zwei:

Zeichne die Streichhölzer. Schreibe die entsprechenden Zahlen in die Kästchen.

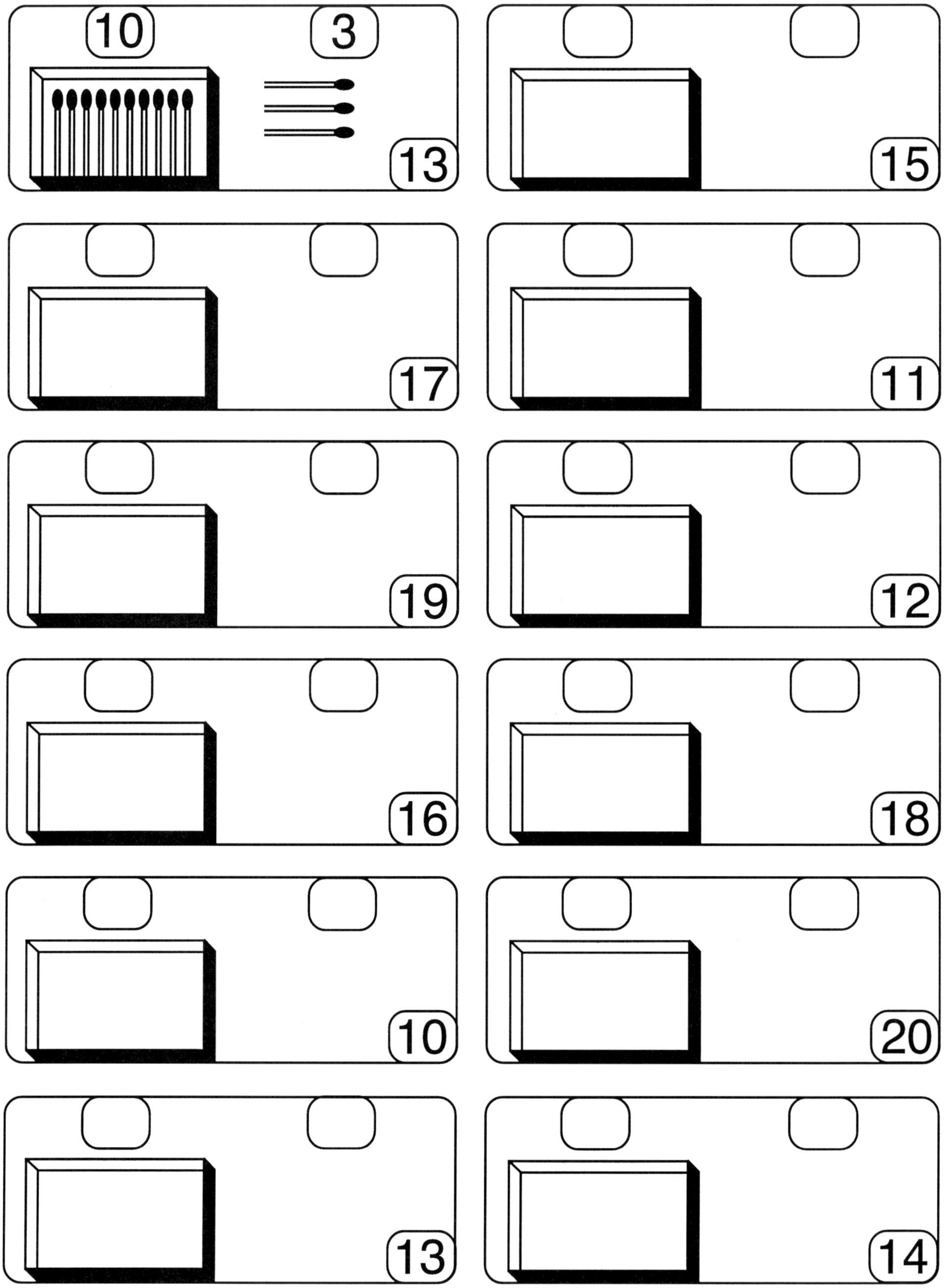

10 3

13

15

17

11

19

12

16

18

10

20

13

14

Auf die **Stelle**, fertig, **los!**

Zahlen im Zahlenraum bis 20

Stufe
Zwei:

Trage die passenden Zahlen
wie im Beispiel ein.

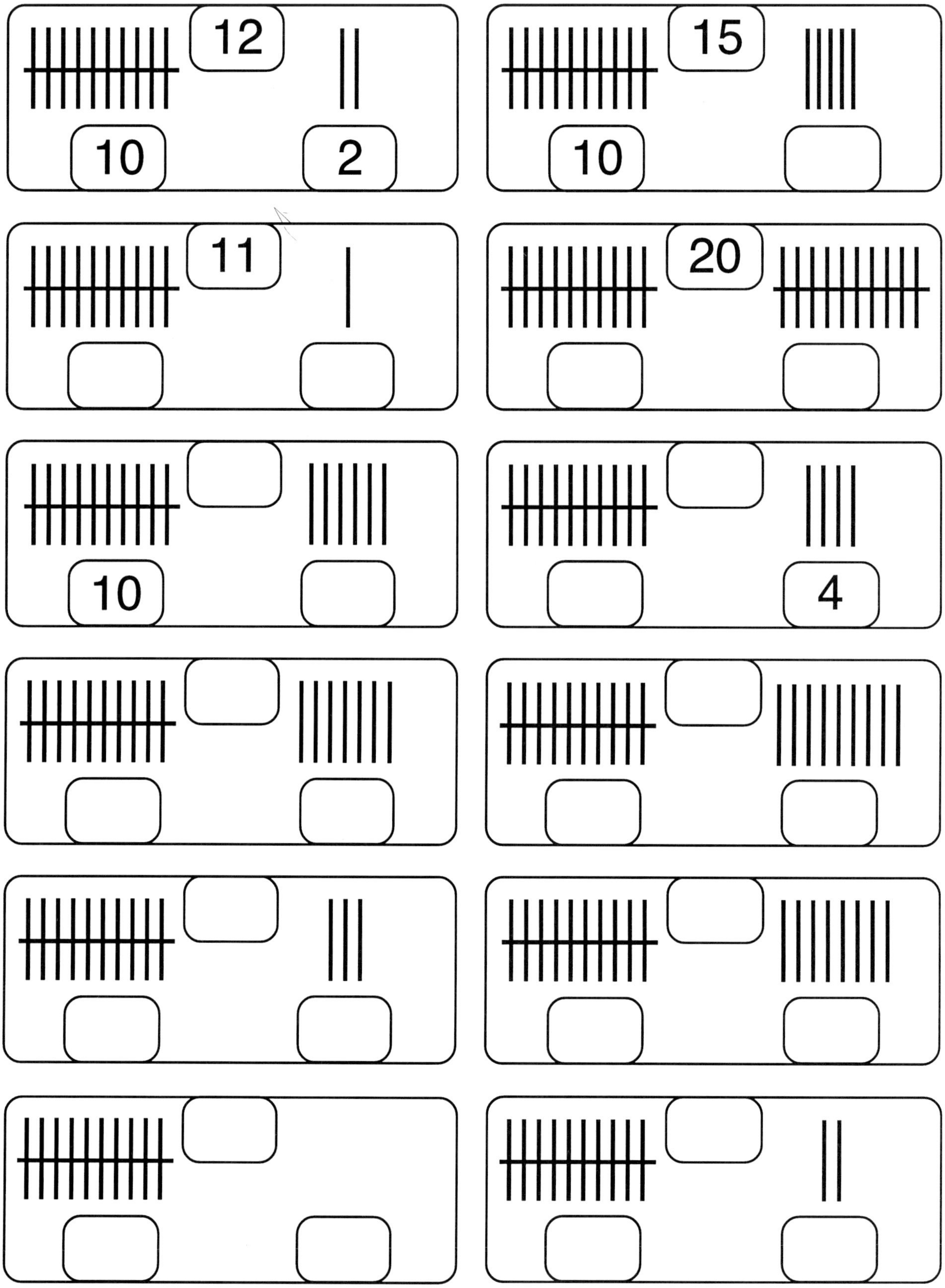

12 10 2

15 10 ___

11 ___ ___

20 ___ ___

___ 10 ___

___ ___ 4

___ ___ ___

___ ___ ___

___ ___ ___

___ ___ ___

___ ___ ___

___ ___ ___

Auf die **Stelle**, fertig, **los!**   18

Zahlen im Zahlenraum bis 20

Stufe Zwei:

Wechsel-Spiel

Man braucht:

2 bis 4 Spieler; Knöpfe, Plättchen, Streichhölzer oder Stäbe in einer Farbe (bei 4 Mitspielern etwa 50 Stück); einen Würfel; einen blauen Buntstift

So geht es:

Es wird reihum gewürfelt.
Die Spieler nehmen die gewürfelte Anzahl Plättchen, Knöpfe etc. von der „Bank" und legen sie in einen Kasten.

Sobald 10 oder mehr Knöpfe in einem Kasten liegen, werden 10 davon zu einem „blauen Punkt" getauscht, der auf dem Arbeitsblatt ausgemalt wird. Die 10 Knöpfe kommen wieder in die „Bank".
Die restlichen Knöpfe bleiben im Kasten liegen.

Ziel:

Wer als Erstes 10 „blaue Punkte" hat, hat gewonnen.

Auf die **Stelle**, fertig, **los!**

Zahlen im Zahlenraum bis 20

Stufe Zwei:

Schreibe Aufgaben zu den Zahlen.

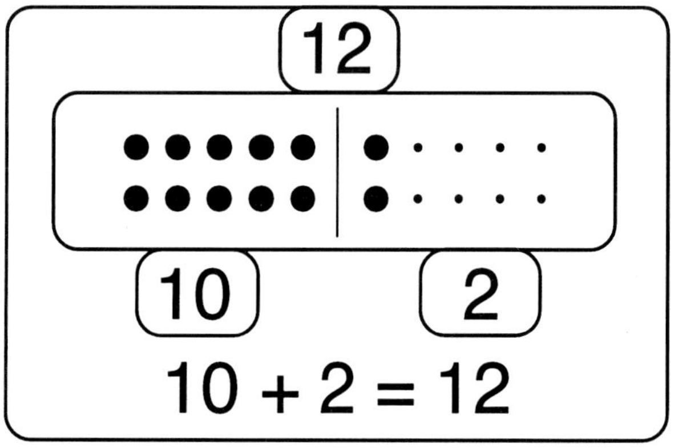

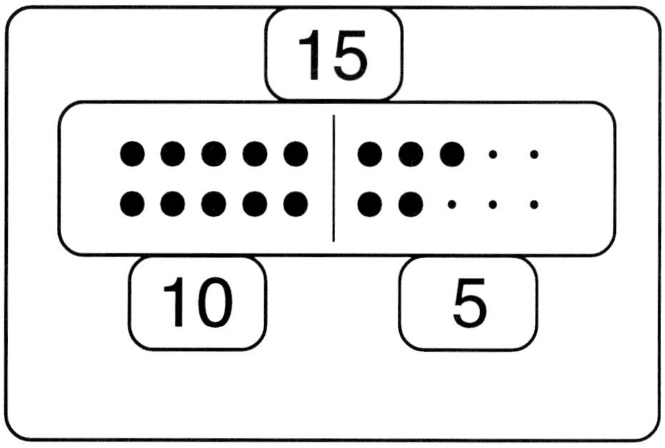

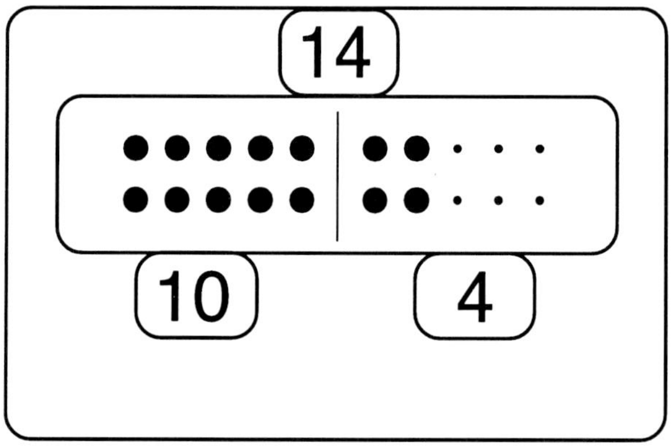

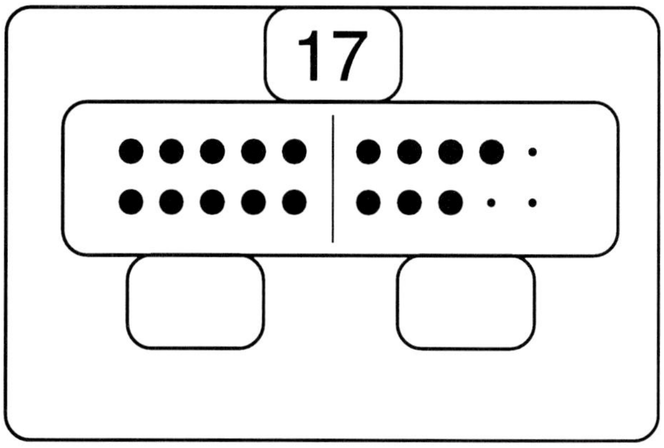

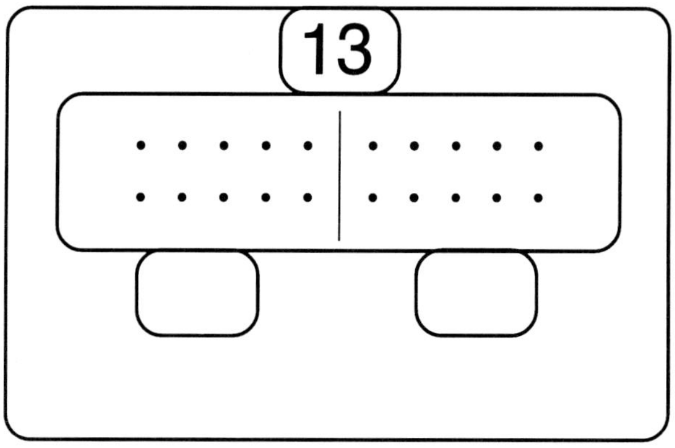

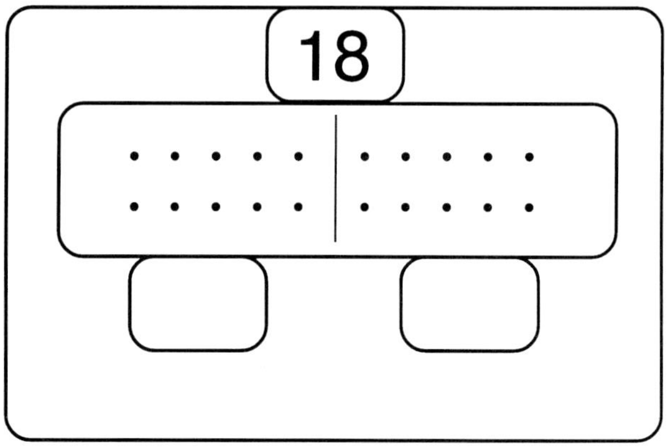

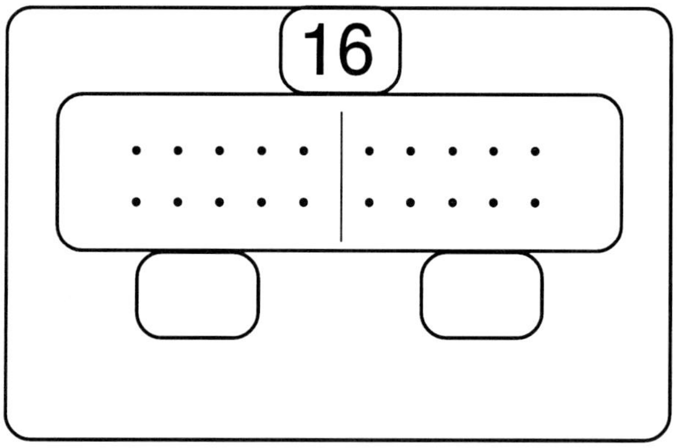

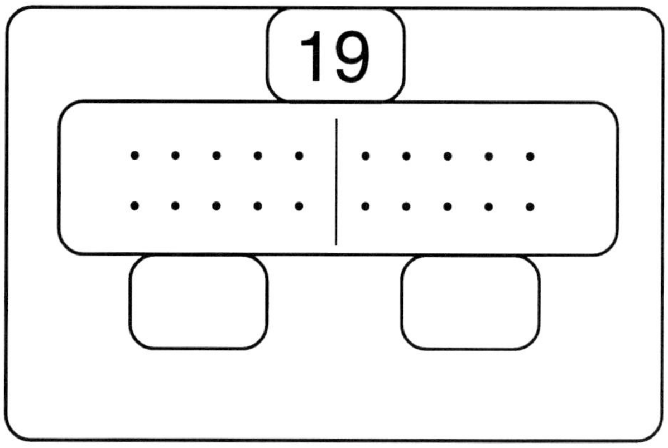

12 10 2 $$10 + 2 = 12$$	**15** 10 5
14 10 4	**17**
13	**18**
16	**19**

Auf die **Stelle**, fertig, **los!**

20

Zahlen im Zahlenraum bis 20

Stufe Zwei:

Fülle die Kästchen wie im Beispiel aus.

11 — 10 · 1 — 11 ist 1 Zehner und 1 Einer

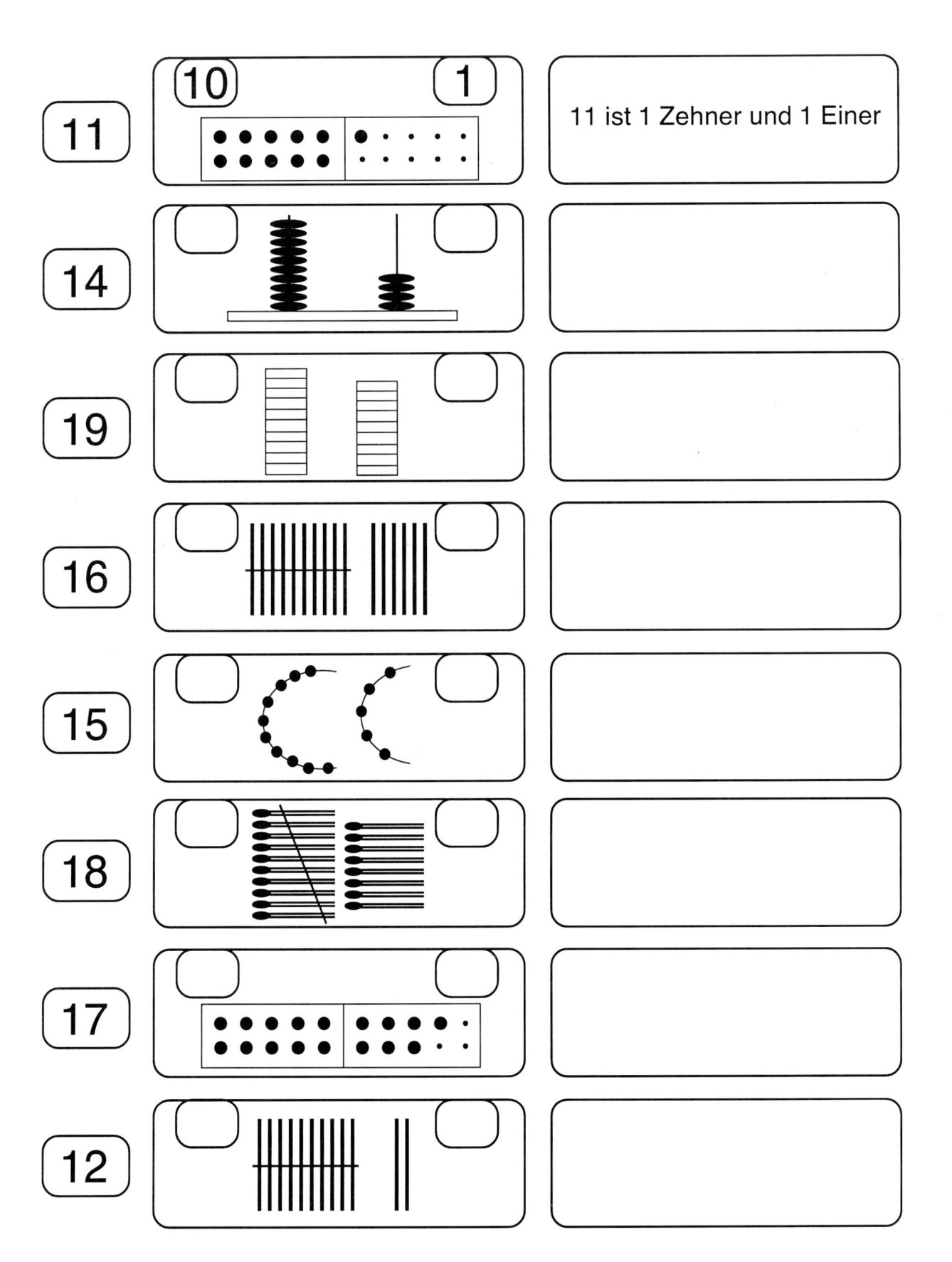

14

19

16

15

18

17

12

Auf die **Stelle**, fertig, **los!**

Zahlen im Zahlenraum bis 20

Stufe Zwei:

Fertige eine Tabelle der Zahlen bis 20 an.
Fülle die Lücken aus.

☐	●●●●● ● (Punktebild)	1 Zehner und 1 Einer
12		1 Zehner und 2 Einer
13	●●●●● ●● (Punktebild)	
☐	●●●●● ●● (Punktebild)	
15		1 Zehner und 5 Einer
16	●●●●● ●●● (Punktebild)	
☐	●●●●● ●●● (Punktebild)	1 Zehner und 7 Einer
18		1 Zehner und 8 Einer
19	●●●●● ●●●● (Punktebild)	
☐	●●●●● ●●●●● (Punktebild)	2 Zehner und 0 Einer

Auf die Stelle, fertig, los!

22

Zahlen im Zahlenraum bis 20

Stufe Zwei:

Trage die fehlenden Wörter und Zahlen ein.

11	_____ Zehner und _____ Einer
14	_____ Zehner und _____ Einer
17	_____ Zehner und _____ Einer
20	_____ Zehner und _____ Einer
13	_____ Zehner und _____ Einer
10	1_____ und 0_____
15	1_____ und 5_____
12	1_____ und 2_____
19	1_____ und 9_____
16	1_____ und 6_____
18	1_____ und 8_____
20	_____ und _____
11	_____ und _____
16	_____ und _____
12	_____ und _____

Auf die **Stelle**, fertig, **los!**

Zahlen im Zahlenraum bis 20

Stufe Zwei:

Trage die fehlenden Zahlen und Wörter ein.

11	1_____ und 1 _____
14	1_____ und 4 _____
17	1_____ und 7 _____
20	2_____ und 0 _____
13	1_____ und 3 _____
10	_____ Zehner und _____ Einer
15	_____ Zehner und _____ Einer
12	_____ Zehner und _____ Einer
19	_____ Zehner und _____ Einer
18	_____ Zehner und _____ Einer
11	_____ und _____
14	_____ und _____
17	_____ und _____
20	_____ und _____
13	_____ und _____

Auf die **Stelle**, fertig, los!

Zahlen im Zahlenraum bis 20

Stufe Zwei:

Lege die Zahlen mit Knöpfen, Plättchen oder Stäben.
Schneide die Zahlen aus und klebe sie in die
entsprechenden Felder.

1 Zehner und 0 Einer		Zehner	Einer	
1 Zehner und 0 Einer		1	0	0
1 Zehner und 9 Einer		1	0	8
1 Zehner und 2 Einer		1	0	0
1 Zehner und 7 Einer		1	0	2
1 Zehner und 3 Einer		1	0	7
1 Zehner und 4 Einer		1	0	0
1 Zehner und 5 Einer		1	0	1
1 Zehner und 1 Einer		1	0	5
1 Zehner und 6 Einer		1	0	3
1 Zehner und 8 Einer		1	0	4
1 Zehner und 0 Einer		2	0	6
2 Zehner und 0 Einer		1	0	9

Auf die **Stelle**, fertig, **los!**

Zahlen im Zahlenraum bis 20

Stufe Zwei:

Schneide aus und ordne zu.

1 Zehner und 2 Einer		
1 Zehner und 4 Einer		
1 Zehner und 0 Einer		
1 Zehner und 9 Einer		
1 Zehner und 7 Einer		
1 Zehner und 1 Einer		
1 Zehner und 6 Einer		
1 Zehner und 5 Einer		
1 Zehner und 3 Einer		
2 Zehner und 0 Einer		

Auf die **Stelle**, fertig, **los!**

26

Zahlen im Zahlenraum bis 20

Stufe Zwei:

Trage die entsprechenden Zahlen ein.

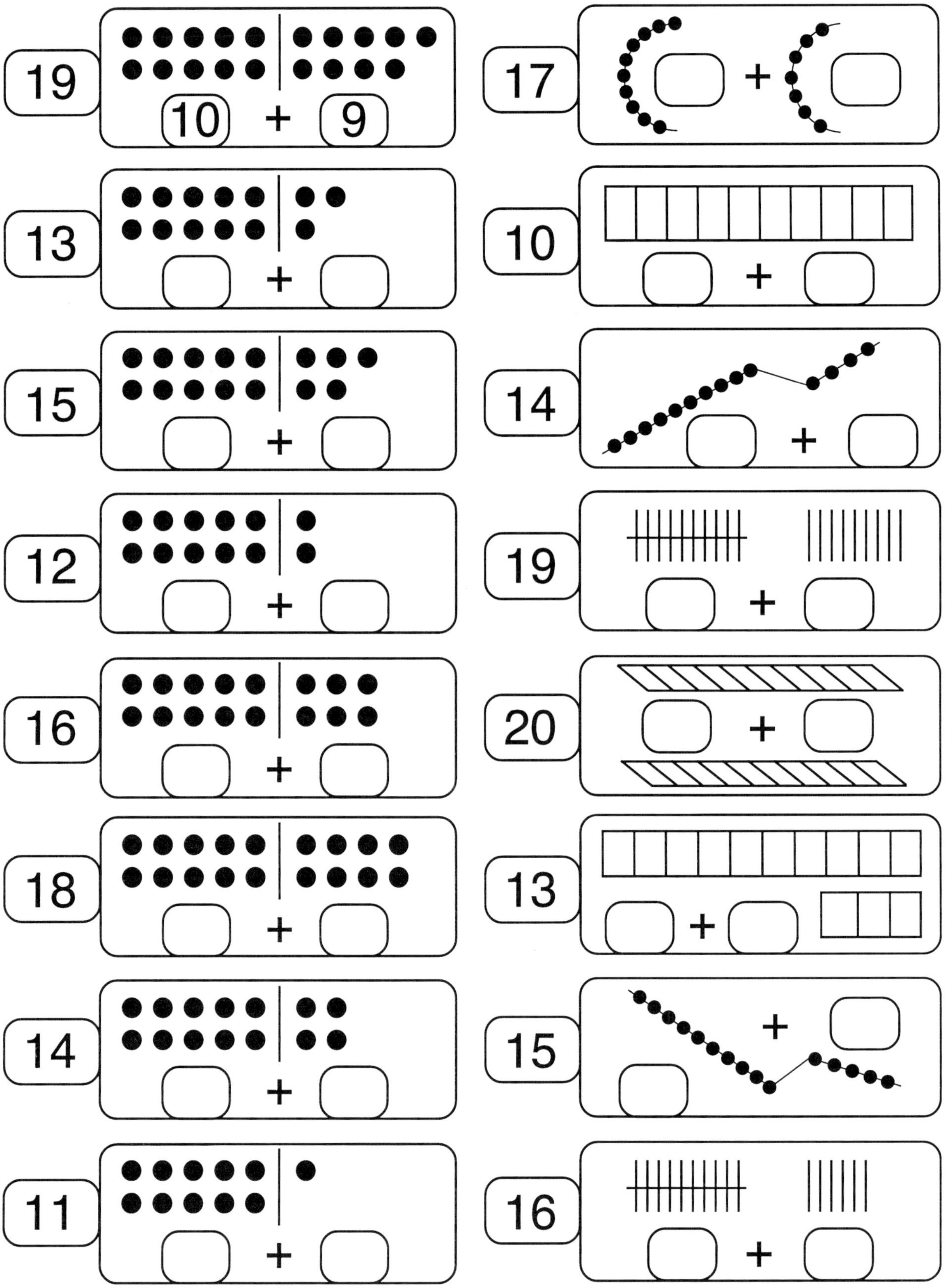

19 | (10) + (9)

17 | ☐ + ☐

13 | ☐ + ☐

10 | ☐ + ☐

15 | ☐ + ☐

14 | ☐ + ☐

12 | ☐ + ☐

19 | ☐ + ☐

16 | ☐ + ☐

20 | ☐ + ☐

18 | ☐ + ☐

13 | ☐ + ☐

14 | ☐ + ☐

15 | ☐ + ☐

11 | ☐ + ☐

16 | ☐ + ☐

Auf die **Stelle**, fertig, los!

Zahlen im Zahlenraum bis 20

Stufe Zwei:

Schneide aus und ordne zu.

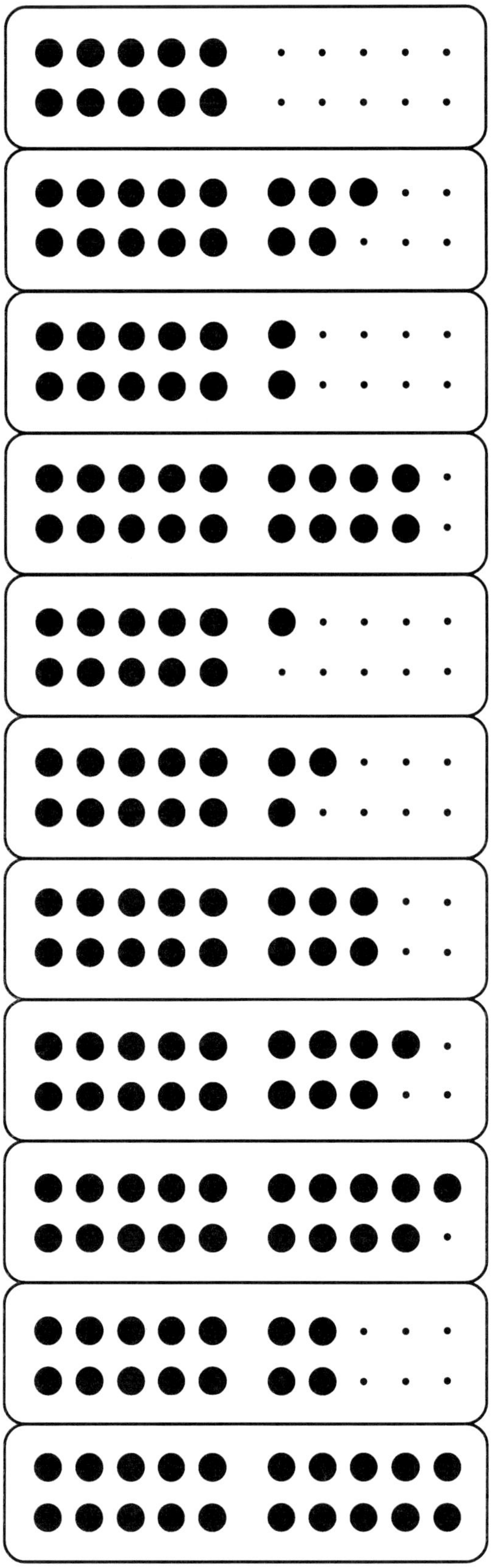

10	10 + 10
15	10 + 4
12	10 + 0
18	10 + 9
11	10 + 5
13	10 + 7
16	10 + 8
17	10 + 3
19	10 + 1
14	10 + 2
20	10 + 6

Auf die **Stelle**, fertig, **los!**

Zahlen im Zahlenraum bis 20

Fülle die Kästchen wie im Beispiel aus.

10	10 + 1
12	
13	
14	
15	
16	
17	
18	
19	
20	

Auf die Stelle, fertig, los!

Zahlen im Zahlenraum bis 20

Stufe Zwei:

Trage die fehlenden Zahlen ein.

10 + 1 = ☐	☐ = 10 + 8
10 + 6 = ☐	☐ = 10 + 1
10 + 9 = ☐	☐ = 10 + 3
10 + 2 = ☐	☐ = 10 + 2
10 + 0 = ☐	☐ = 10 + 9
10 + 3 = ☐	☐ = 10 + 10
10 + 4 = ☐	☐ = 10 + 0
10 + 7 = ☐	☐ = 10 + 5
10 + 5 = ☐	☐ = 10 + 7
10 + 10 = ☐	☐ = 10 + 4
10 + 8 = ☐	☐ = 10 + 6
10 + ☐ = 12	14 = ☐ + 4
10 + ☐ = 11	19 = ☐ + 9
10 + ☐ = 16	18 = ☐ + 8
10 + ☐ = 15	13 = ☐ + 3
10 + ☐ = 17	15 = ☐ + 5

Auf die **Stelle,** fertig, **los!**

Zahlen im Zahlenraum bis 20

Schneide die Zahlen aus
und klebe sie passend zu den Zahlen zusammen.

10		
11		
12		
13		
14		
15		
16		
17		
18		
19		
20		

Stufe Zwei:

Zehner		Einer
1	0	0
1	0	1
1	0	2
1	0	3
1	0	4
1	0	5
1	0	6
1	0	7
1	0	8
1	0	9
2	0	0

Auf die Stelle, fertig, los!

Zahlen im Zahlenraum bis 20

Stufe Zwei:

Vervollständige diese Seite.

10	●●●●● ●●●●●	zehn 1 Zehner und 0 Einer 10 + 0
11	●●●●● ●●●●● | ●	
12	●●●●● ●●●●● | ● ●	
13	●●●●● ●●●●● | ●● ●	
14	●●●●● ●●●●● | ●● ●●	
15	●●●●● ●●●●● | ●●● ●●	
16	●●●●● ●●●●● | ●●● ●●●	
17	●●●●● ●●●●● | ●●●● ●●●	
18	●●●●● ●●●●● | ●●●● ●●●●	
19	●●●●● ●●●●● | ●●●●● ●●●●	
20	●●●●● ●●●●● | ●●●●● ●●●●●	

Auf die **Stelle**, fertig, **los!**

Zahlen im Zahlenraum bis 20

Stufe Zwei:

Vervollständige diese Seite.

10	●●●●● ∙∙∙∙∙ ●●●●● ∙∙∙∙∙	zehn 1 Zehner und 0 Einer 10 + 0
11	∙∙∙∙∙ ∙∙∙∙∙ ∙∙∙∙∙ ∙∙∙∙∙	elf 1 Zehner und 1 Einer 10 + 1
12	●●●●● ●∙∙∙∙ ●●●●● ●∙∙∙∙	_____ _____
	∙∙∙∙∙ ∙∙∙∙∙ ∙∙∙∙∙ ∙∙∙∙∙	dreizehn 1 Zehner und 3 Einer 10 + 3
14	∙∙∙∙∙ ∙∙∙∙∙ ∙∙∙∙∙ ∙∙∙∙∙	vierzehn 1 Zehner und 4 Einer 10 + 4
15	●●●●● ●●●∙∙ ●●●●● ●●∙∙∙	_____ _____
	∙∙∙∙∙ ∙∙∙∙∙ ∙∙∙∙∙ ∙∙∙∙∙	sechzehn 1 Zehner und 6 Einer 10 + 6
17	∙∙∙∙∙ ∙∙∙∙∙ ∙∙∙∙∙ ∙∙∙∙∙	siebzehn 1 Zehner und 7 Einer 10 + 7
18	●●●●● ●●●●∙ ●●●●● ●●●●∙	_____ _____
	∙∙∙∙∙ ∙∙∙∙∙ ∙∙∙∙∙ ∙∙∙∙∙	neunzehn 1 Zehner und 9 Einer 10 + 9
20	∙∙∙∙∙ ∙∙∙∙∙ ∙∙∙∙∙ ∙∙∙∙∙	zwanzig 2 Zehner und 0 Einer 10 + 10

Auf die **Stelle**, fertig, **los!**

Zahlen im Zahlenraum bis 20

Stufe Zwei:

Fülle die Lücken aus.

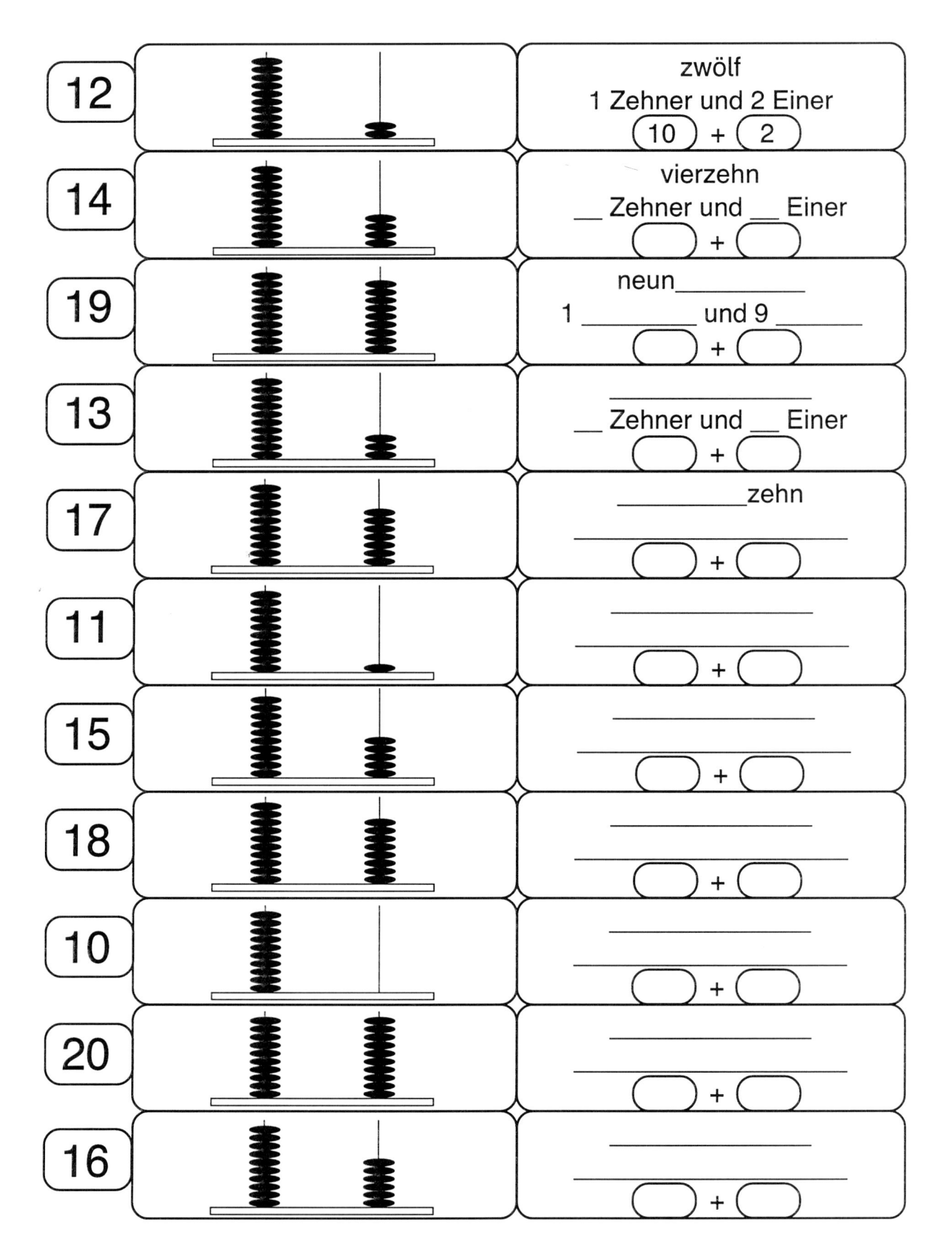

12		zwölf 1 Zehner und 2 Einer (10) + (2)
14		vierzehn __ Zehner und __ Einer ( ) + ( )
19		neun_____ 1 _____ und 9 _____ ( ) + ( )
13		_____ __ Zehner und __ Einer ( ) + ( )
17		_____zehn ( ) + ( )
11		_____ ( ) + ( )
15		_____ ( ) + ( )
18		_____ ( ) + ( )
10		_____ ( ) + ( )
20		_____ ( ) + ( )
16		_____ ( ) + ( )

Auf die **Stelle,** fertig, **los!**

Zahlen im Zahlenraum bis 20

Stufe Zwei:

Schnipp-Schnapp

für 2, 3, 5 oder 6 Spieler

Vorbereitung:
Karten kopieren und ausschneiden.

So geht es:
Die Karten werden unter den Spielern aufgeteilt.

Nun zieht jeder reihum bei seinem rechten Nachbarn. Hat jemand drei zueinander gehörende Karten, so legt er sie ab.

Wer die meisten hat, hat gewonnen.

Beispiel:

| 11 | 10+1 | 1 Zehner und 1 Einer |

10	1 Zehner und 0 Einer	**10+0**
11	1 Zehner und 1 Einer	**10+1**
12	1 Zehner und 2 Einer	**10+2**

Auf die **Stelle**, fertig, **los!**

35

Zahlen im Zahlenraum bis 20

Stufe Zwei:

Schnipp-Schnapp

Karten

13	1 Zehner und 3 Einer	**10+3**
14	1 Zehner und 4 Einer	**10+4**
15	1 Zehner und 5 Einer	**10+5**
16	1 Zehner und 6 Einer	**10+6**

Auf die **Stelle**, fertig, **los!**

Zahlen im Zahlenraum bis 20

Stufe Zwei:

Schnipp-Schnapp

Karten

17	1 Zehner und 7 Einer	**10+7**
18	1 Zehner und 8 Einer	**10+8**
19	1 Zehner und 9 Einer	**10+9**
20	2 Zehner und 0 Einer	**10+10**

Auf die **Stelle**, fertig, los!

Zahlen im Zahlenraum bis 20

Stufe Zwei:

Kreise die Ziffern ein,
die angeben, wie viele Zehner die Zahlen haben. ①2

20 12 10 15 11 16 17 18 13 14 19 3

Kreise die Ziffern ein,
die angeben, wie viele Einer die Zahlen haben. 1④

2 14 20 16 17 19 18 13 11 12 15 10

15   __ Zehner und __ Einer
( ) + ( )
( ) Einer zusammen.

12   __ Zehner und __ Einer
( ) + ( )
( ) Einer zusammen.

17   __ Zehner und __ Einer
( ) + ( )
( ) Einer zusammen.

16   __ Zehner und __ Einer
( ) + ( )
( ) Einer zusammen.

13   __ Zehner und __ Einer
( ) + ( )
( ) Einer zusammen.

11   __ Zehner und __ Einer
( ) + ( )
( ) Einer zusammen.

18   __ Zehner und __ Einer
( ) + ( )
( ) Einer zusammen.

19   __ Zehner und __ Einer
( ) + ( )
( ) Einer zusammen.

10   __ Zehner und __ Einer
( ) + ( )
( ) Einer zusammen.

14   __ Zehner und __ Einer
( ) + ( )
( ) Einer zusammen.

Fülle die Kästchen aus.

Auf die **Stelle**, fertig, los!

38

Zahlen im Zahlenraum bis 99

Stufe Drei:

Schreibe die Zahlen in die Kästchen und zeichne die entsprechenden Striche.

Beispiel: (22) |||||||||| |||||||||| ||

30 + 2 = ▢

60 + 7 = ▢

50 + 8 = ▢

20 + 5 = ▢

70 + 4 = ▢

40 + 6 = ▢

Auf die Stelle, fertig, los!

Zahlen im Zahlenraum bis 99

Stufe Drei:

Lege die Zahlen
mit den Zehner-Karten und
Einer-Karten (Vorlage Seite 41)
auf das Arbeitsblatt: Zehner und
Einer (Vorlage Seite 42).

Lege die entsprechenden
Montessori-Karten darunter
(Vorlage Seite 43).

Beispiel: **34**

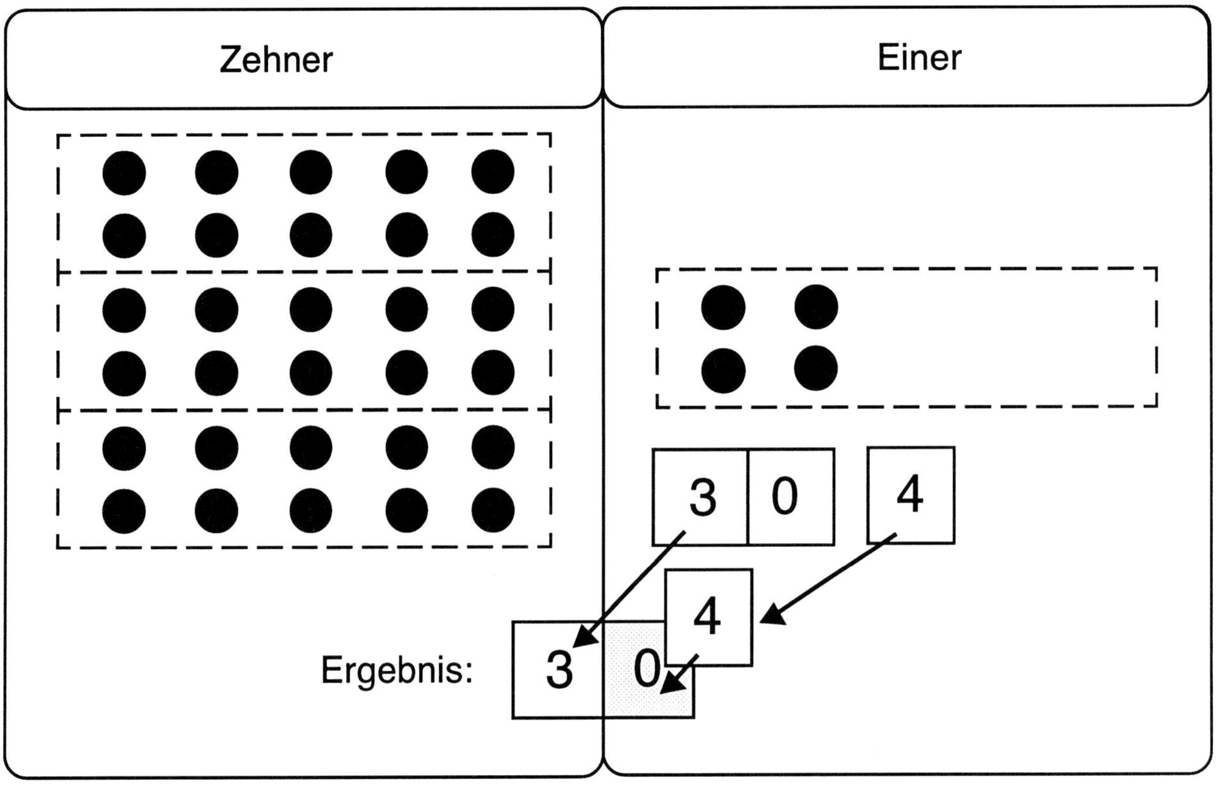

Zehner	Einer

Ergebnis: 3 0 4

Lege:	14	83	54
	22	95	48
	39	26	62
	47	4	86
	59	34	99
	61	77	15
	70	31	3

Auf die **Stelle**, fertig, **los!**

40

Zahlen im Zahlenraum bis 99

Stufe Drei:

Kopiervorlage Zehner-Karten und Einer-Karten.
Auf Karton kopieren und ausschneiden.
Da die Karten mehrfach verwendet werden, bitte nicht
auf das Arbeitsblatt: Zehner und Einer aufkleben.

Zehner   Einer

Auf die **Stelle**, fertig, **los!**

Zahlen im Zahlenraum bis 99

Stufe Drei:

Kopiervorlage Arbeitsblatt: Zehner und Einer.

Zehner	Einer

Ergebnis

Auf die **Stelle**, fertig, **los!**

Zahlen im Zahlenraum bis 99

Stufe Drei:

Kopiervorlage
Montessori-Karten

Auf Karton kopieren und ausschneiden.
Da die Karten mehrfach verwendet
werden, bitte nicht auf das Arbeitsblatt:
Zehner und Einer aufkleben.

Zehner

1	0	2	0	3	0
4	0	5	0	6	0
7	0	8	0	9	0
1	0	2	0	3	0
4	0	5	0	6	0
7	0	8	0	9	0

Einer

1	2	3	1	2	3
4	5	6	4	5	6
7	8	9	7	8	9

Auf die **Stelle**, fertig, los!

Zahlen im Zahlenraum bis 99

Stufe Drei:

Schneide die Zahlen aus
und lege sie zu dem entsprechenden Bild.
Trage die entsprechenden Zahlen ein.

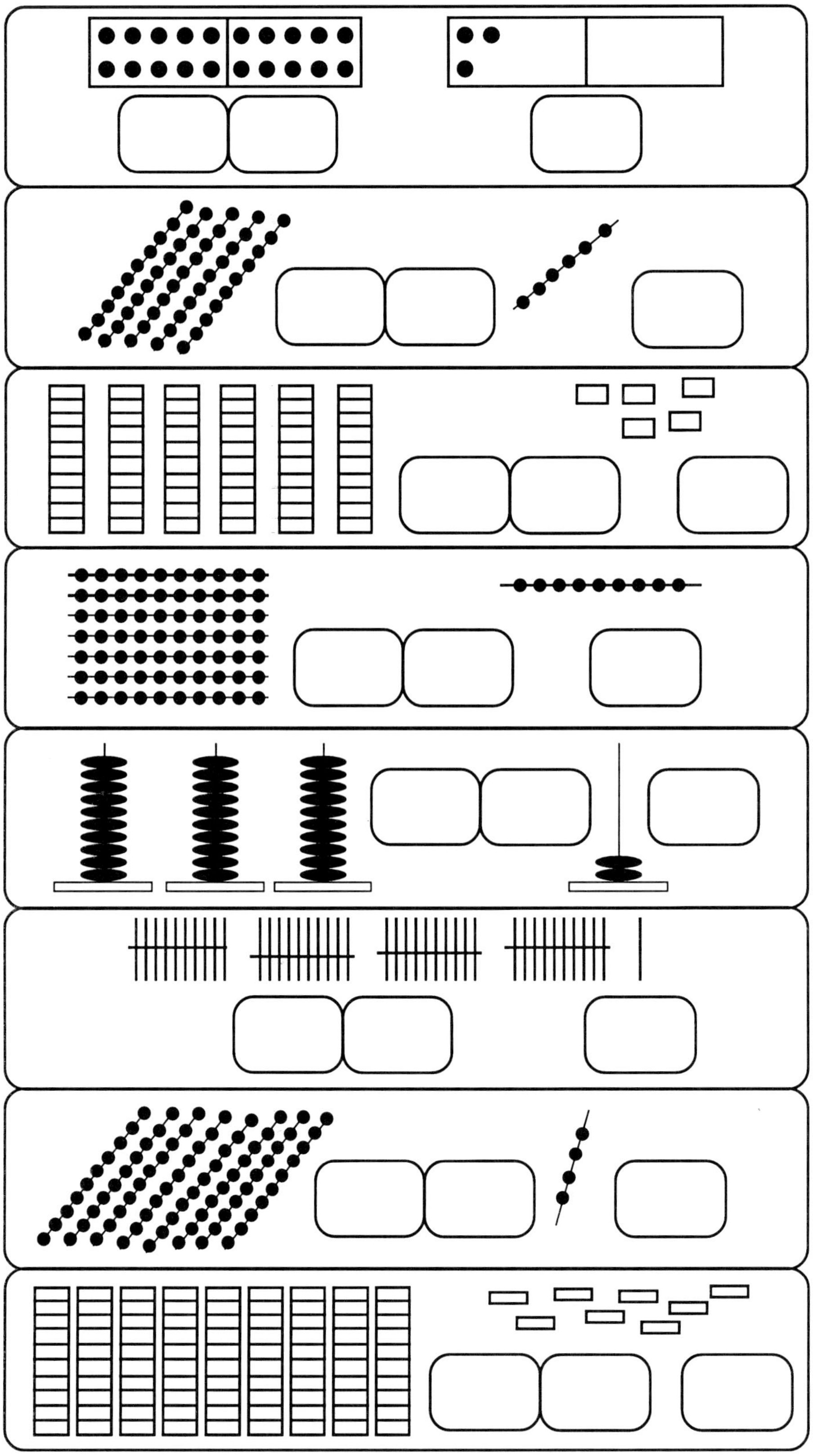

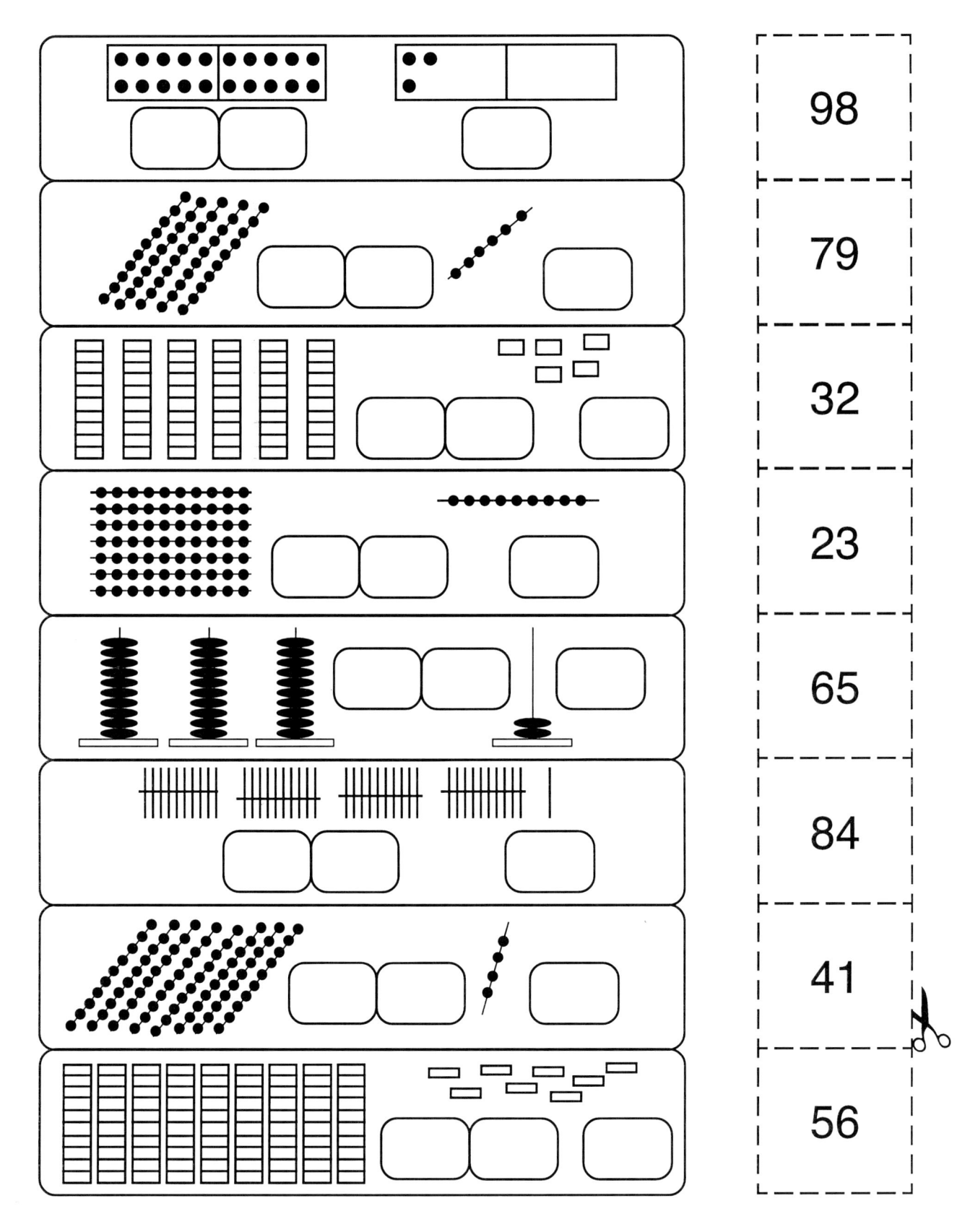

98
79
32
23
65
84
41
56

Auf die **Stelle**, fertig, los!

Zahlen im Zahlenraum bis 99

Stufe Drei:

Schneide die Zahlen aus
und lege sie zu dem entsprechenden Bild.
Trage die entsprechenden Zahlen ein.

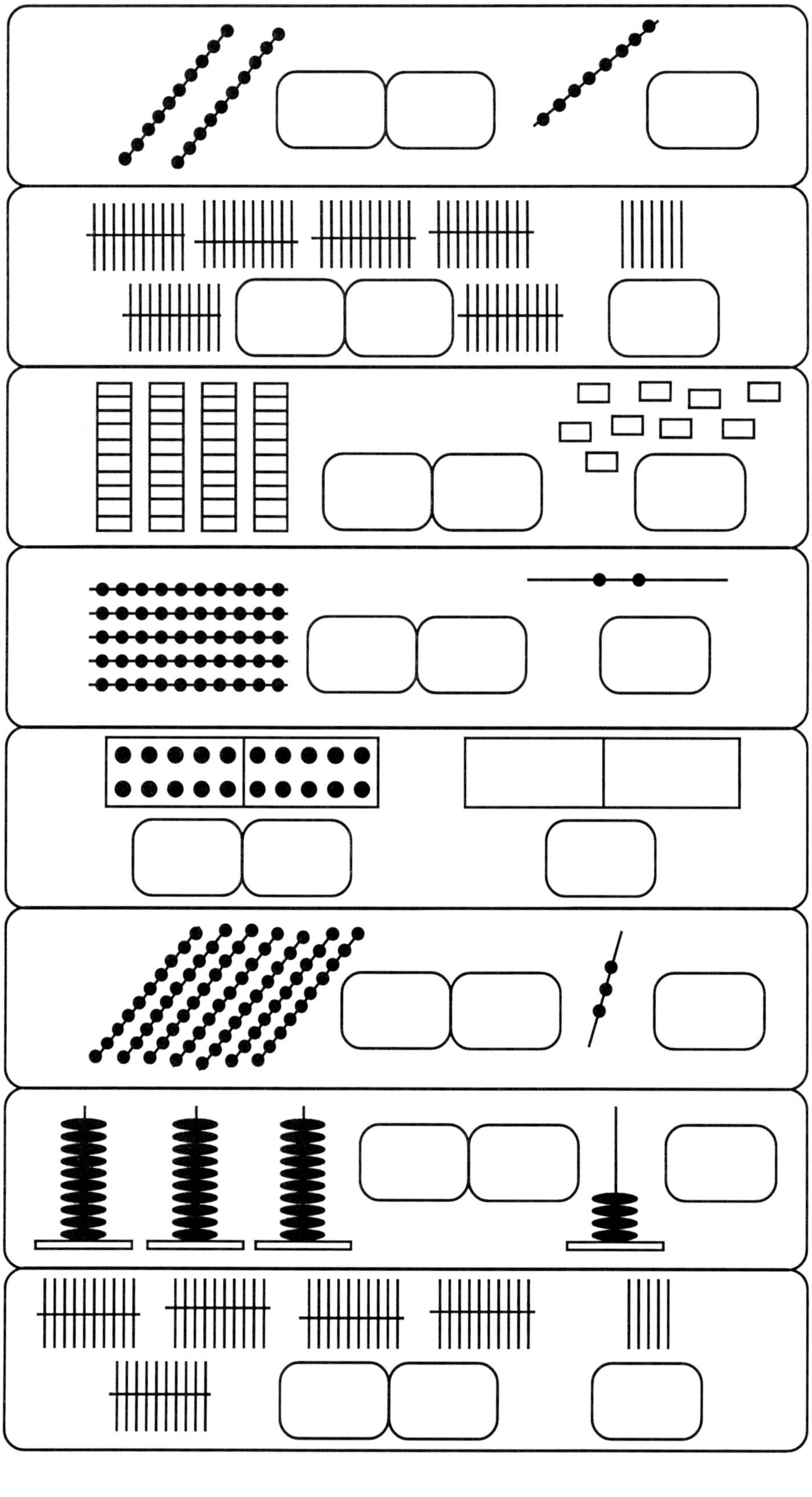

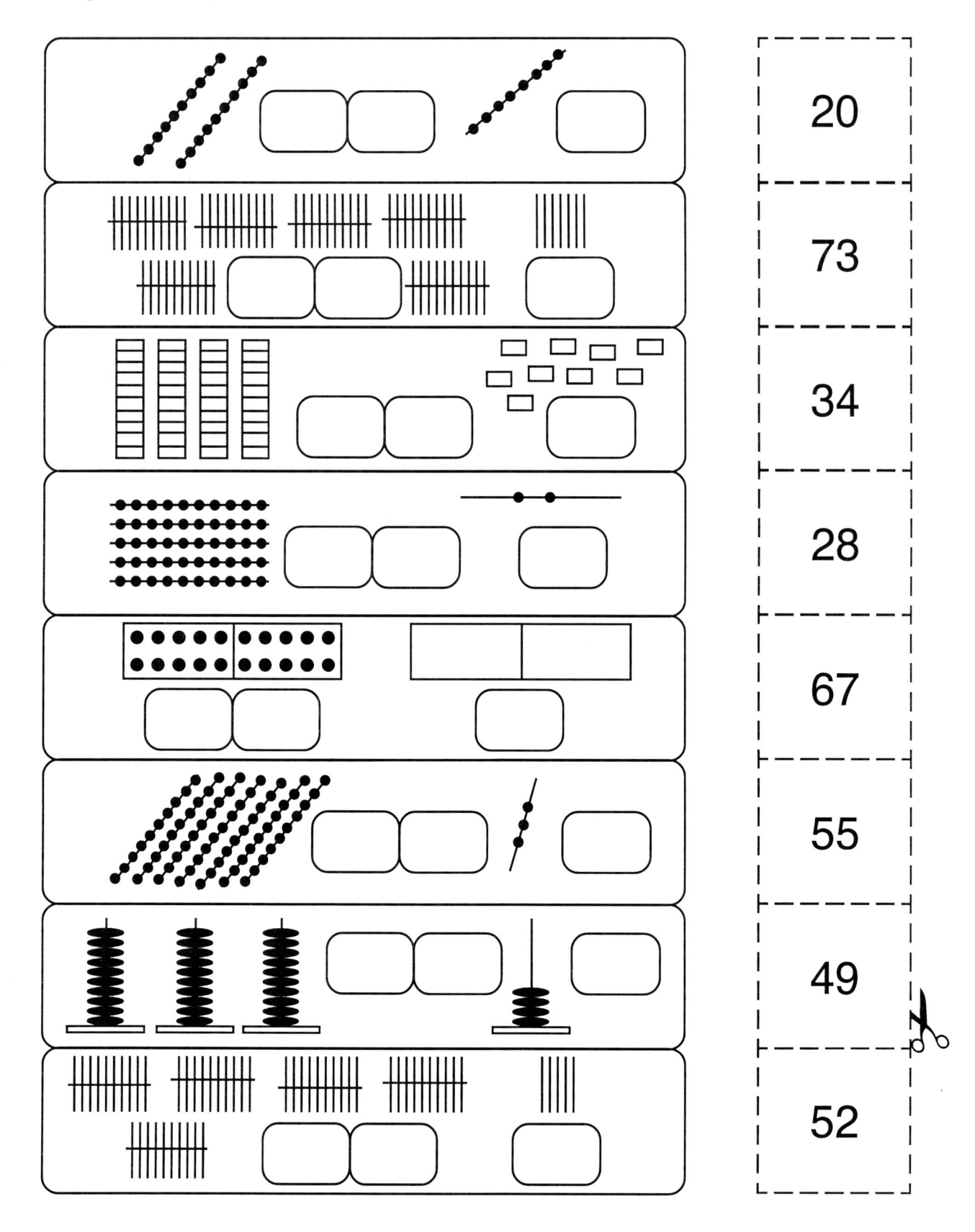

| 20 |
| 73 |
| 34 |
| 28 |
| 67 |
| 55 |
| 49 |
| 52 |

Auf die **Stelle**, fertig, **los!**

Zahlen im Zahlenraum bis 99

Stufe Drei:

Das braucht ihr:

10 leere Seiten

In Partnerarbeit fertigt ihr wie im Beispiel
10 Seiten eines Heftes an.
Das können zum Beispiel die Seiten 30 bis 39 sein.
Eine einzelne Seite sollte so wie die Vorlage
aussehen und dann ausgefüllt werden.

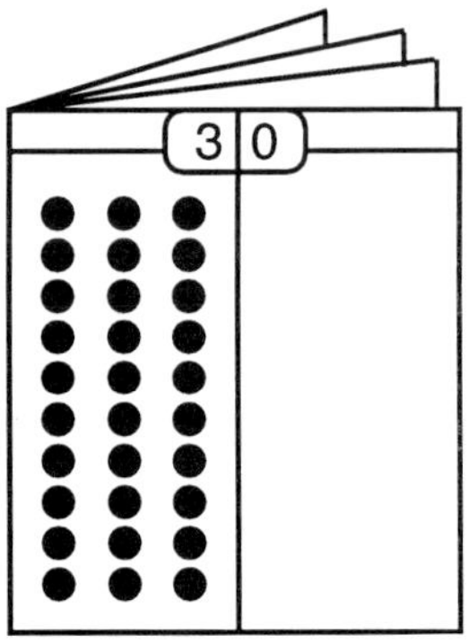

Zehner			Einer

Auf die Stelle, fertig, los!

46

Zahlen im Zahlenraum bis 99

Trage die fehlenden Zahlen ein.

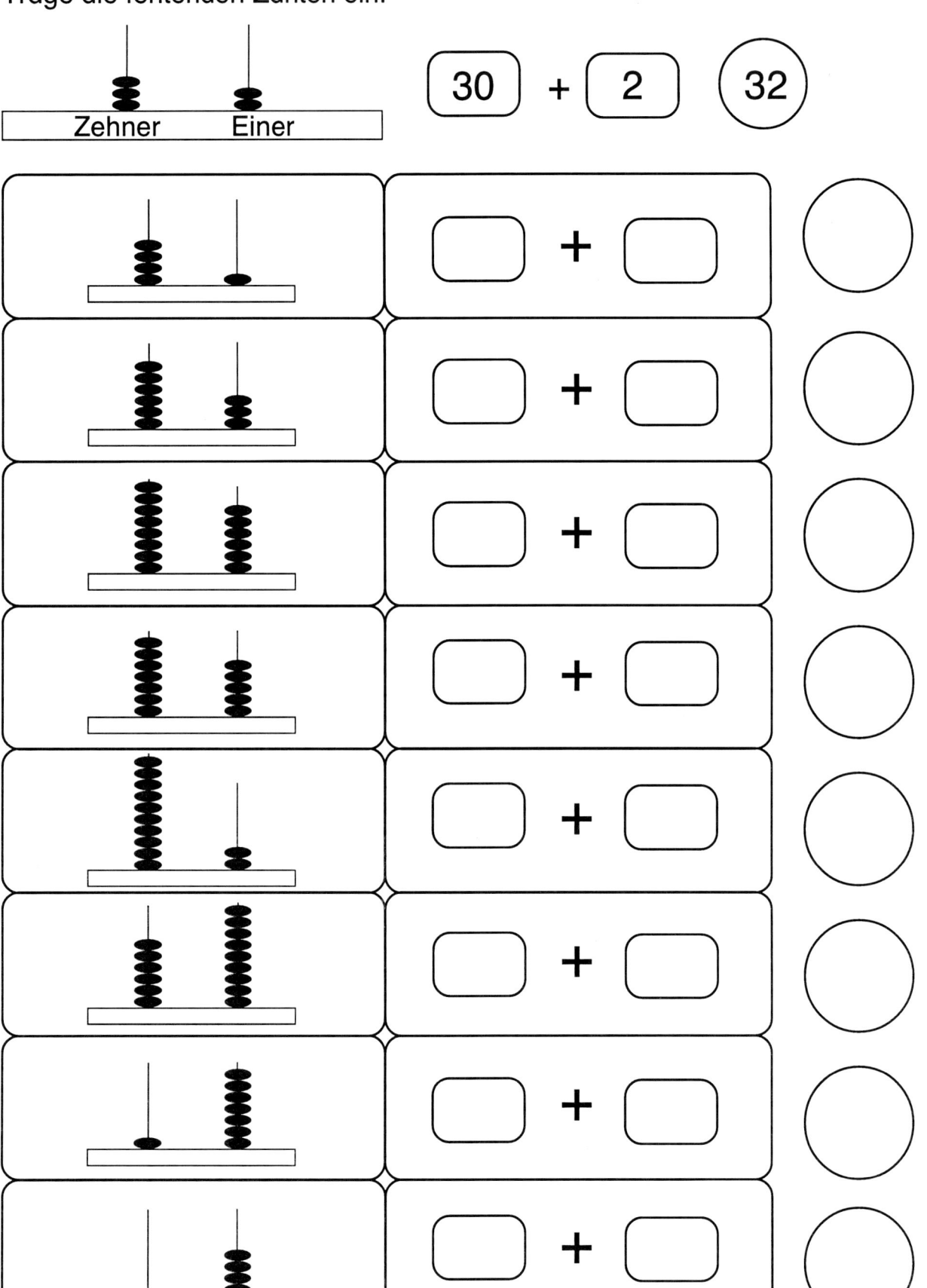

$$30 + 2 = 32$$

Zehner   Einer

47

Auf die **Stelle**, fertig, **los!**

Zahlen im Zahlenraum bis 99

Stufe Drei:

Vervollständige die Tabelle.

20	2 Zehner und 0 Einer	40	
21		41	
22		42	
23		43	
24		44	
25		45	
26		46	
27		47	
28		48	
29		49	
30		50	
31		51	
32		52	
33		53	
34		54	
35		55	
36		56	
37		57	
38		58	
39		59	

Auf die Stelle, fertig, los!

Zahlen im Zahlenraum bis 99

Stufe Drei:

Vervollständige die Tabelle.

60	6 Zehner und 0 Einer	80	
61		81	
62		82	
63		83	
64		84	
65		85	
66		86	
67		87	
68		88	
69		89	
70		90	
71		91	
72		92	
73		93	
74		94	
75		95	
76		96	
77		97	
78		98	
79		99	

Auf die Stelle, fertig, los!

Zahlen im Zahlenraum bis 99

Stufe Drei:

Lege die Zahlen mit Knöpfen, Plättchen oder Stäben.
Lege die Montessori-Karten darunter (Vorlage Seite 43).
Wie viele Zehner und Einer gehören zu den Zahlen?

21	_____ Zehner und _____ Einer
65	_____ Zehner und _____ Einer
87	_____ Zehner und _____ Einer
39	_____ Zehner und _____ Einer
43	_____ Zehner und _____ Einer
56	_____ Zehner und _____ Einer
90	_____ Zehner und _____ Einer
74	_____ Zehner und _____ Einer
8	_____ Zehner und _____ Einer
13	_____ Zehner und _____ Einer
92	_____ Zehner und _____ Einer
28	_____ Zehner und _____ Einer
53	_____ Zehner und _____ Einer
100	_____ Zehner und _____ Einer

Auf die **Stelle**, fertig, **los!**

Zahlen im Zahlenraum bis 99

Stufe Drei:

Trage die fehlenden Zahlen ein.

13	1 Zehner und 3 Einer	74	7 Zehner und 4 Einer
	5 Zehner und 1 Einer		1 Zehner und 8 Einer
	7 Zehner und 5 Einer		9 Zehner und 2 Einer
	2 Zehner und 6 Einer		6 Zehner und 3 Einer
	8 Zehner und 4 Einer		0 Zehner und 7 Einer
	3 Zehner und 2 Einer		8 Zehner und 5 Einer
	6 Zehner und 8 Einer		3 Zehner und 6 Einer
	4 Zehner und 7 Einer		5 Zehner und 0 Einer
	9 Zehner und 9 Einer		2 Zehner und 1 Einer
	2 Zehner und 0 Einer		10 Zehner und 0 Einer
	3 Zehner und 5 Einer		6 Zehner und 4 Einer
	1 Zehner und 7 Einer		7 Zehner und 6 Einer
	0 Zehner und 1 Einer		1 Zehner und 1 Einer
	2 Zehner und 8 Einer		4 Zehner und 6 Einer
	5 Zehner und 3 Einer		7 Zehner und 8 Einer
	4 Zehner und 1 Einer		8 Zehner und 9 Einer

Auf die Stelle, fertig, los!

Zahlen im Zahlenraum bis 99

Stufe Drei:

Fülle das Arbeitsblatt aus.

14	vierzehn	1 Zehner und 4 Einer
34		
26		
75		
81		
7		
50		
67		
48		
93		
35		
54		
88		
19		
62		
90		

Auf die **Stelle**, fertig, **los!**

52

Zahlen im Zahlenraum bis 99

Stufe Drei:

Schneide aus und klebe
die passenden Zahlen zusammen.

	3 Zehner und 6 Einer
	7 Zehner und 1 Einer
	8 Zehner und 9 Einer
	4 Zehner und 5 Einer
	5 Zehner und 2 Einer
	6 Zehner und 3 Einer
18	
24	
90	
87	
4	

2 Zehner und 4 Einer

8 Zehner und 7 Einer

1 Zehner und 8 Einer

0 Zehner und 4 Einer

9 Zehner und 0 Einer

63

36

52

71

89

45

Auf die Stelle, fertig, los!

53

Zahlen im Zahlenraum bis 99

Stufe Drei:

Stelle die Zahlen mit Montessori-Karten dar
und vervollständige dann die Aufgaben.

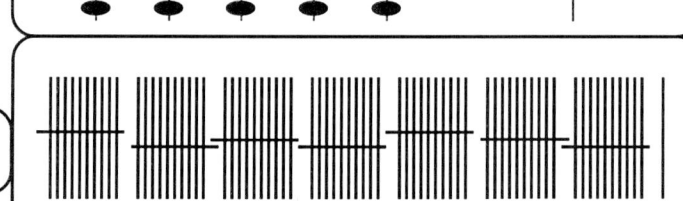

45

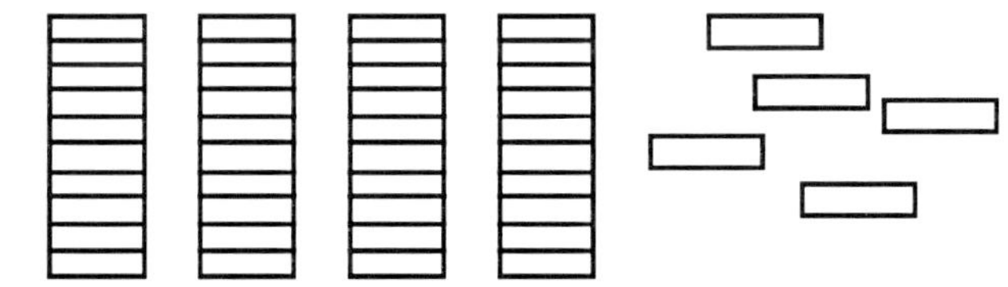

$40 + \boxed{} = 45$

$45 = \boxed{} + 5$

62

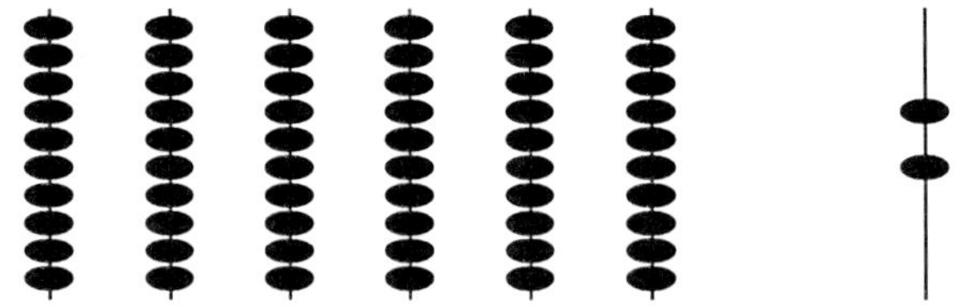

$60 + \boxed{} = 62$

$62 = \boxed{} + 2$

38

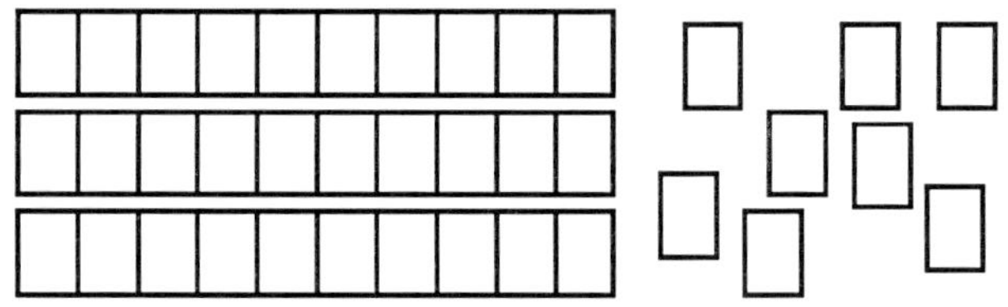

$38 = \boxed{} + 8$

$30 + \boxed{} = 38$

95

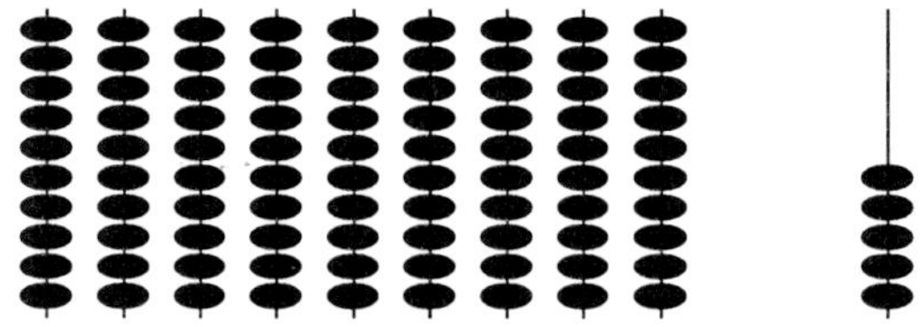

$95 = \boxed{} + 5$

$\boxed{} = 90 + 5$

87

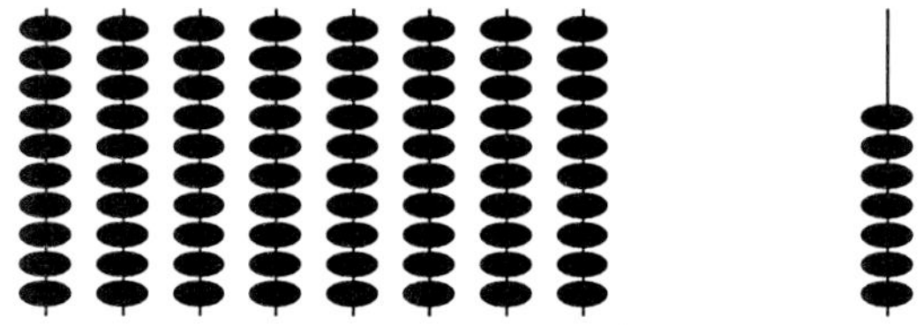

$80 + 7 = \boxed{}$

$87 = \boxed{} + 7$

24

$\boxed{} + 4 = 24$

$24 = 20 + \boxed{}$

53

$50 + \boxed{} = 53$

$\boxed{} = 50 + 3$

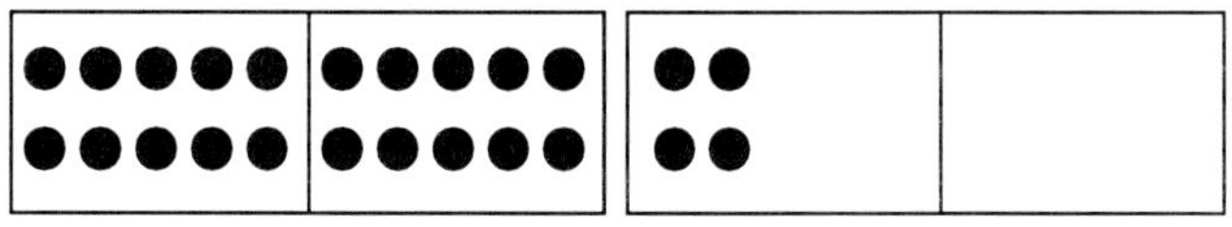

71

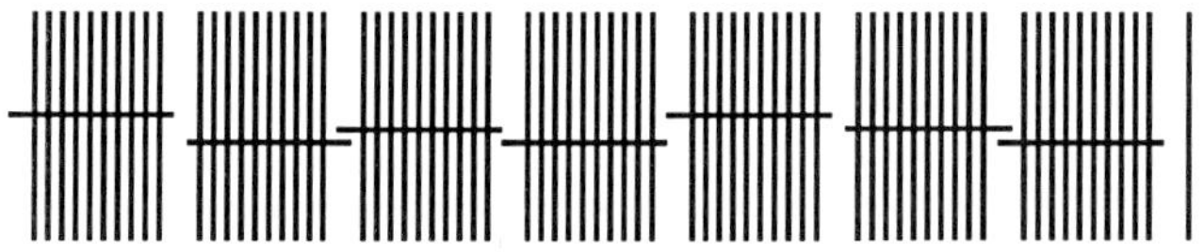

$\boxed{} + 1 = 71$

$71 = 70 + \boxed{}$

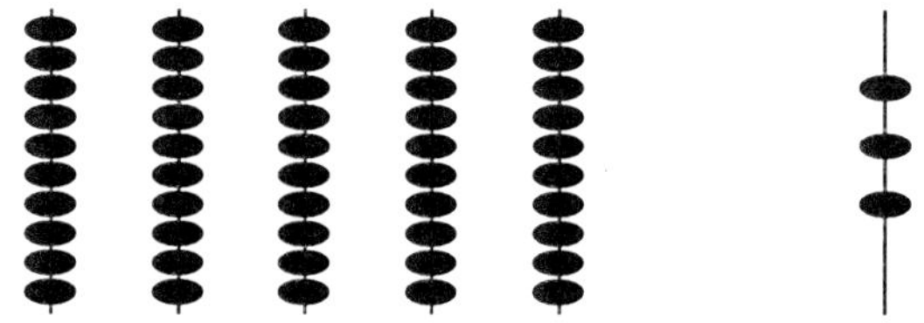

Auf die **Stelle**, fertig, **los!**

Zahlen im Zahlenraum bis 99

Stufe Drei:

Vervollständige die Tabelle.

20	= 20 + 0
21	=
22	=
23	=
24	=
25	=
26	=
27	=
28	=
29	=
30	= 30 + 0
31	=
32	=
33	=
34	=
35	=
36	=
37	=
38	=
39	=

40	=
41	=
42	=
43	= 40 + 3
44	=
45	=
46	=
47	=
48	=
49	=
50	=
51	= 50 + 1
52	=
53	=
54	=
55	=
56	=
57	=
58	=
59	=

Auf die Stelle, fertig, los!

Zahlen im Zahlenraum bis 99

Stufe Drei:

Vervollständige die Tabelle.

60	=		80	=
61	=		81	=
62	=		82	=
63	=		83	=
64	=		84	=
65	=		85	=
66	=		86	=
67	=		87	=
68	=		88	=
69	=		89	=
70	=		90	=
71	=		91	=
72	=		92	=
73	=		93	=
74	=		94	=
75	=		95	=
76	=		96	=
77	=		97	=
78	=		98	=
79	=		99	=

Auf die **Stelle**, fertig, **los!**

Zahlen im Zahlenraum bis 99

Stufe Drei:

Fülle das Arbeitsblatt aus.

24	= 20 + 4
32	=
65	=
78	=
83	=
29	=
91	=
18	=
46	=
57	=
98	=
6	=
76	=
24	=
64	=
20	=

39	= 30 + 9
41	=
57	=
99	=
83	=
72	=
45	=
50	=
31	=
78	=
62	=
93	=
2	=
13	=
28	=
74	=

Auf die **Stelle,** fertig, **los!**

Zahlen im Zahlenraum bis 99

Stufe Drei:

Stelle die Aufgaben mit einer
Rechenmaschine oder Plättchen dar.
Schreibe die Lösungen der Aufgaben
in die Kästchen.

$20 + 3 = \boxed{23}$

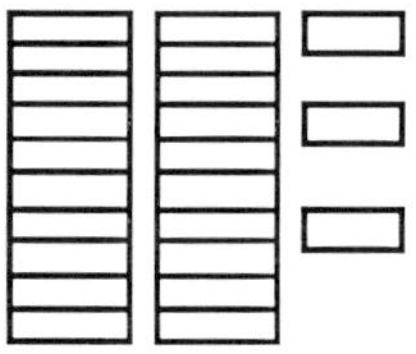

10 + 1 = ☐	10 + 6 = ☐
30 + 5 = ☐	30 + 7 = ☐
20 + 8 = ☐	20 + 2 = ☐
40 + 0 = ☐	40 + 3 = ☐
50 + 9 = ☐	50 + 4 = ☐
60 + 1 = ☐	60 + 7 = ☐
70 + 8 = ☐	70 + 5 = ☐
80 + 3 = ☐	80 + 6 = ☐
90 + 2 = ☐	90 + 9 = ☐
0 + 4 = ☐	0 + 8 = ☐
20 + 6 = ☐	20 + 5 = ☐
30 + 0 = ☐	30 + 9 = ☐
40 + 1 = ☐	40 + 7 = ☐
50 + 6 = ☐	50 + 8 = ☐
60 + 5 = ☐	60 + 6 = ☐

Auf die **Stelle**, fertig, los!

Zahlen im Zahlenraum bis 99

Stufe Drei:

Schneide die Zahlen aus
und klebe sie zu den passenden Aufgaben.

☐ = 90 + 5	☐ = 30 + 6	81	95
☐ = 70 + 3	☐ = 40 + 1	24	73
☐ = 30 + 2	☐ = 10 + 9	35	32
☐ = 20 + 8	☐ = 60 + 4	28	87
☐ = 80 + 7	☐ = 50 + 0	6	63
☐ = 0 + 6	☐ = 90 + 2	36	7
☐ = 60 + 3	☐ = 70 + 9	41	16
☐ = 30 + 5	☐ = 40 + 7	19	47
☐ = 20 + 4	☐ = 10 + 6	79	64
☐ = 80 + 1	☐ = 0 + 7	50	92

Auf die Stelle, fertig, los!

Zahlen im Zahlenraum bis 99

Stufe Drei:

Vervollständige die Tabelle
wie im Beispiel angegeben.

20	$2 \cdot 10$	40	
21	$2 \cdot 10 + 1 \cdot 1$	41	
22		42	
23		43	
24		44	
25		45	
26		46	
27		47	$4 \cdot 10 + 7 \cdot 1$
28		48	
29		49	
30		50	
31		51	
32		52	
33	$3 \cdot 10 + 3 \cdot 1$	53	
34		54	
35		55	$5 \cdot 10 + 5 \cdot 1$
36		56	
37		57	
38		58	
39		59	

Auf die **Stelle**, fertig, **los!**

Zahlen im Zahlenraum bis 99

Stufe Drei:

Vervollständige die Tabelle
wie im Beispiel angegeben.

60		80	
61		81	
62		82	
63	$6 \cdot 10 + 3 \cdot 1$	83	
64		84	
65		85	$8 \cdot 10 + 5 \cdot 1$
66		86	
67		87	
68		88	
69		89	
70		90	
71		91	
72		92	
73		93	
74		94	
75		95	
76		96	
77	$7 \cdot 10 + 7 \cdot 1$	97	
78		98	
79		99	

Auf die **Stelle**, fertig, **los!**

Zahlen im Zahlenraum bis 99

Stufe Drei:

Fülle das Arbeitsblatt aus.

16	$= 1 \cdot 10 + 6 \cdot 1$
27	
93	
41	
58	
84	
62	
53	
39	
72	
45	
96	
18	
40	
34	
85	

86	$= 8 \cdot 10 + 6 \cdot 1$
35	
60	
67	
94	
46	
73	
38	
54	
63	
81	
59	
42	
83	
28	
12	

Auf die Stelle, fertig, los!

Zahlen im Zahlenraum bis 99

Stufe Drei:

Was fehlt? Fülle die Lücken aus.

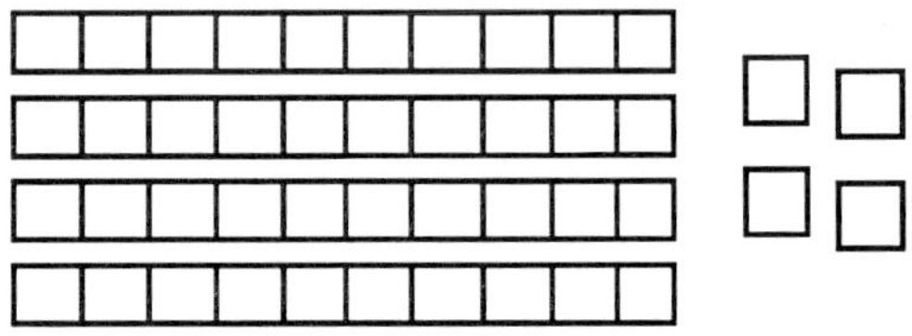

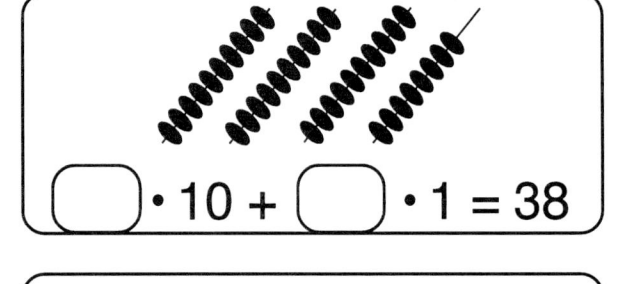

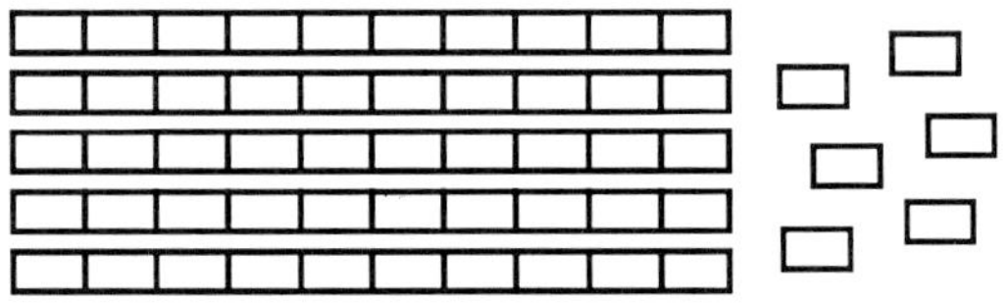

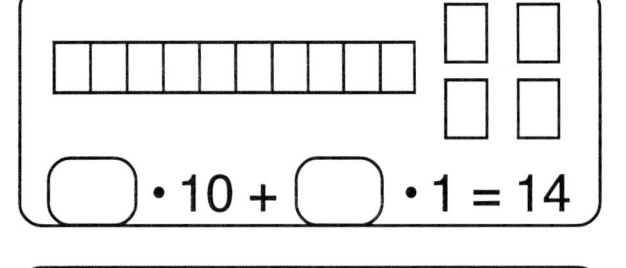

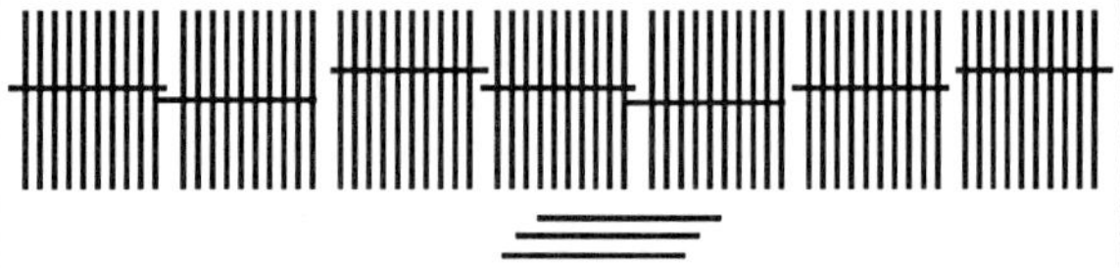

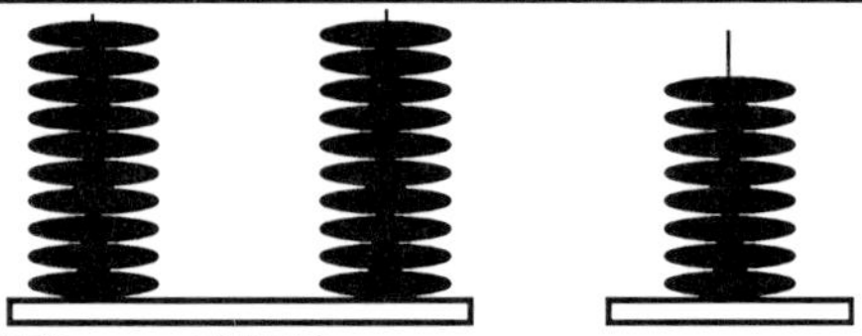

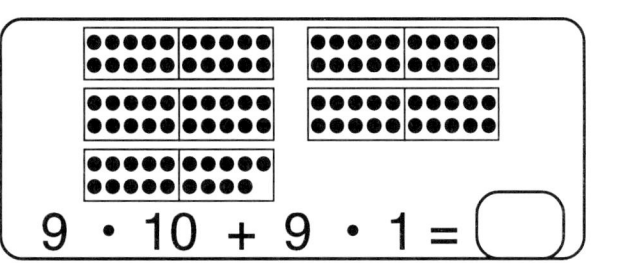

$4 \cdot 10 + 4 \cdot 1 = 44$

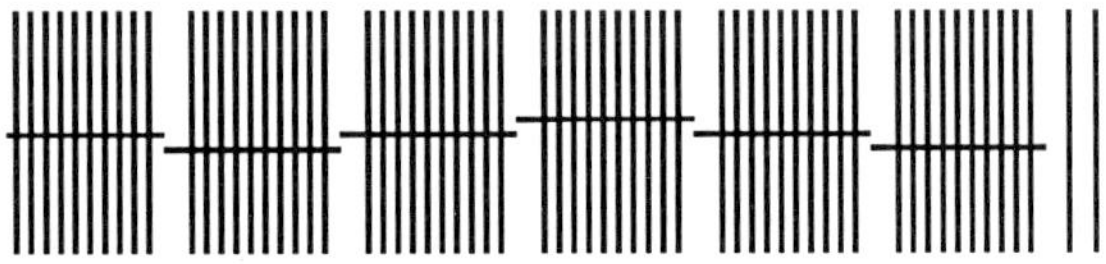

$\boxed{} \cdot 10 + \boxed{} \cdot 1 = 62$

$\boxed{} \cdot 10 + \boxed{} \cdot 1 = 38$

$\boxed{} \cdot 10 + \boxed{} \cdot 1 = 56$

$\boxed{} \cdot 10 + \boxed{} \cdot 1 = 14$

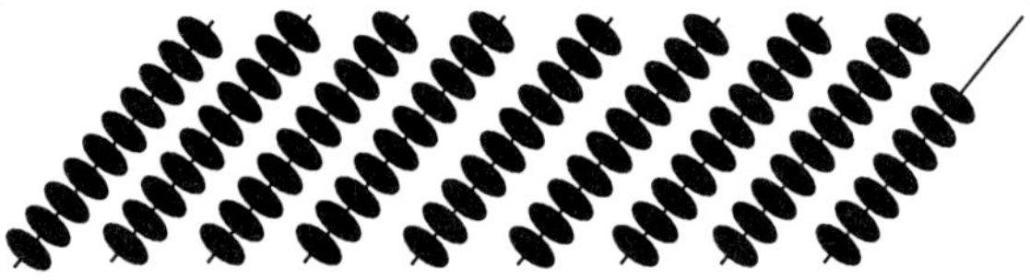

$8 \cdot \boxed{} + 7 \cdot \boxed{} = 87$

$7 \cdot \boxed{} + 3 \cdot \boxed{} = 73$

$\boxed{} \cdot \boxed{} + 8 \cdot 1 = 28$

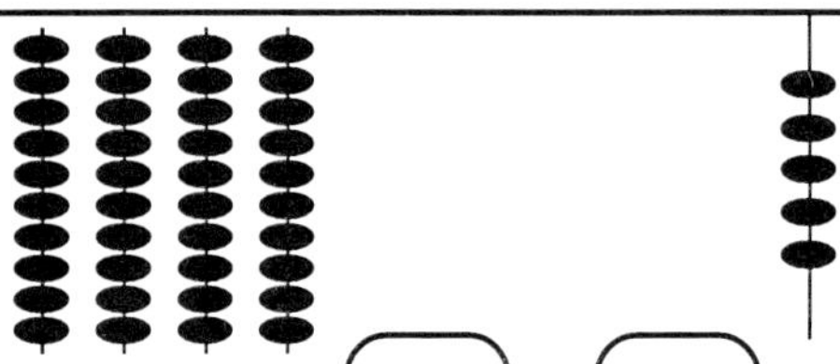

$4 \cdot 10 + \boxed{} \cdot \boxed{} = 45$

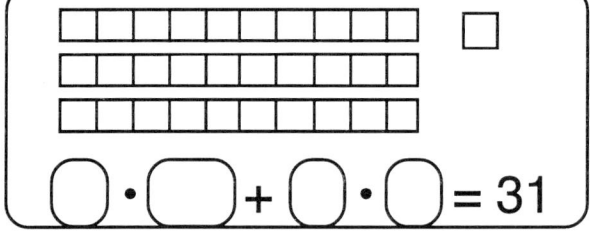

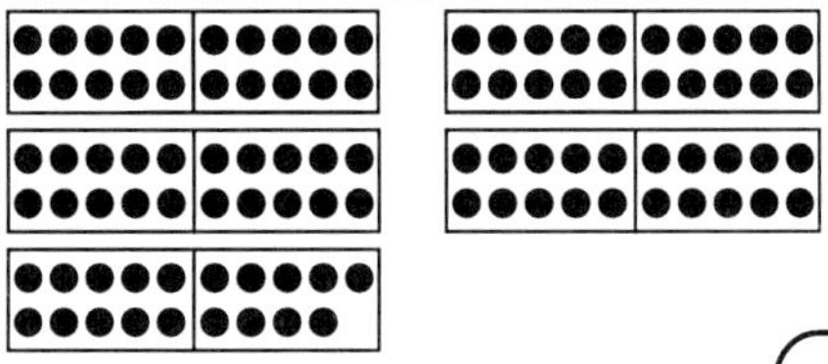

$9 \cdot 10 + 9 \cdot 1 = \boxed{}$

$\boxed{} \cdot \boxed{} + \boxed{} \cdot \boxed{} = 31$

$\boxed{} \cdot \boxed{} + \boxed{} \cdot \boxed{} = \boxed{}$

Auf die **Stelle**, fertig, los!

63

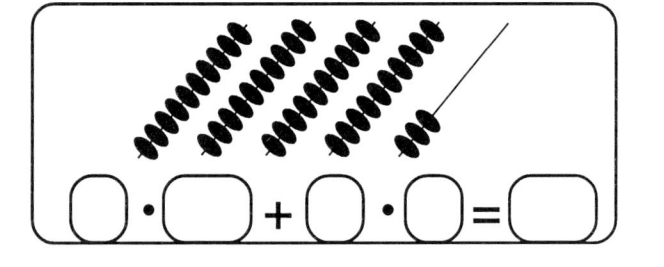

Zahlen im Zahlenraum bis 99

Stufe Drei:

Vervollständige diese Gleichungen.

$2 \cdot 10 + 3 \cdot 1 = \boxed{}$	$7 \cdot 10 + 9 \cdot 1 = \boxed{}$
$9 \cdot 10 + 6 \cdot 1 = \boxed{}$	$6 \cdot 10 + 2 \cdot 1 = \boxed{}$
$3 \cdot 10 + 2 \cdot 1 = \boxed{}$	$5 \cdot 10 + 1 \cdot 1 = \boxed{}$
$8 \cdot 10 + 7 \cdot 1 = \boxed{}$	$4 \cdot 10 + 5 \cdot 1 = \boxed{}$
$1 \cdot 10 + 4 \cdot 1 = \boxed{}$	$6 \cdot 10 + \ 0 \ = \boxed{}$
$4 \cdot 10 + 9 \cdot 1 = \boxed{}$	$2 \cdot 10 + 7 \cdot 1 = \boxed{}$
$7 \cdot 10 + 8 \cdot 1 = \boxed{}$	$9 \cdot 10 + 4 \cdot 1 = \boxed{}$
$6 \cdot 10 + 1 \cdot 1 = \boxed{}$	$3 \cdot 10 + 4 \cdot 1 = \boxed{}$
$5 \cdot 10 + \ 0 \ = \boxed{}$	$8 \cdot 10 + 3 \cdot 1 = \boxed{}$
$0 \cdot 10 + 3 \cdot 1 = \boxed{}$	$1 \cdot 10 + 5 \cdot 1 = \boxed{}$
$2 \cdot 10 + 8 \cdot 1 = \boxed{}$	$5 \cdot 10 + 8 \cdot 1 = \boxed{}$
$9 \cdot 10 + 5 \cdot 1 = \boxed{}$	$6 \cdot 10 + 5 \cdot 1 = \boxed{}$
$3 \cdot 10 + 3 \cdot 1 = \boxed{}$	$7 \cdot 10 + 2 \cdot 1 = \boxed{}$
$8 \cdot 10 + 8 \cdot 1 = \boxed{}$	$4 \cdot 10 + 9 \cdot 1 = \boxed{}$
$1 \cdot 10 + 2 \cdot 1 = \boxed{}$	$1 \cdot 10 + 7 \cdot 1 = \boxed{}$
$4 \cdot 10 + 8 \cdot 1 = \boxed{}$	$2 \cdot 10 + 2 \cdot 1 = \boxed{}$

Auf die **Stelle**, fertig, **los!**

Zahlen im Zahlenraum bis 99

Stufe Drei:

Hier siehst du verschiedene Möglichkeiten
eine Zahl darzustellen. Fülle das Arbeitsblatt aus.

72	7 Zehner und 2 Einer	72 Einer	70 + 2
		Wie viele Einer zusammen?	

Auf die Stelle, fertig, los!

Zahlen im Zahlenraum bis 99

Stufe Drei:

Hier siehst du verschiedene Möglichkeiten eine
Zahl darzustellen. Fülle das Arbeitsblatt aus.

Auf die **Stelle**, fertig, **los!**

Zahlen im Zahlenraum bis 99

Stufe Drei:

Lege diese Zahlen mit Knöpfen oder Plättchen.
Vervollständige die Tabelle.

26	20 + 6	2 Zehner + 6 Einer	2 · 10 + 6 · 1
37			
41			
78			
62			
59			
15			
54			
93			
86			
27			
46			
74			
19			
30			
3			

Auf die **Stelle**, fertig, **los!**

67

Zahlen im Zahlenraum bis 99

Stufe Drei:

Lege diese Zahlen mit Knöpfen oder Plättchen.
Fülle das Arbeitsblatt aus.

35	35 Einer	3 Zehner + 5 Einer	30 + 5
91			
28			
74			
82			
47			
56			
63			
15			
39			
6			
90			
24			
77			
89			
43			

Auf die Stelle, fertig, los! 68

Zahlen im Zahlenraum bis 99

Stufe Drei:

Lege diese Zahlen mit Knöpfen oder Plättchen.
Fülle das Arbeitsblatt aus.

49	neunundvierzig	4 Zehner + 9 Einer	4 · 10 + 9 · 1
32		3 Zehner + 2 Einer	_ · __ + _ · _
__	sechsundfünfzig	_ Zehner + _ Einer	5 · 10 + 6 · 1
81		8 Zehner + 1 Einer	_ · __ + _ · _
__	achtundsechzig	_ Zehner + _ Einer	6 · 10 + 8 · 1
74		7 Zehner + 4 Einer	_ · __ + _ · _
__	fünfundneunzig	_ Zehner + _ Einer	9 · 10 + 5 · 1
23		2 Zehner + 3 Einer	_ · __ + _ · _
__	siebzehn	_ Zehner + _ Einer	1 · 10 + 7 · 1
12		1 Zehner + 2 Einer	_ · __ + _ · _
47		4 Zehner + 7 Einer	_ · __ + _ · _
__	zweiundachzig	_ Zehner + _ Einer	8 · 10 + 2 · 1
90		9 Zehner + 0 Einer	_ · __ + _ · _
__	vierundzwanzig	_ Zehner + _ Einer	2 · 10 + 4 · 1
5		0 Zehner + 5 Einer	_ · __ + _ · _
__	dreiunddreißig	_ Zehner + _ Einer	3 · 10 + 3 · 1

Auf die **Stelle**, fertig, **los!**

Zahlen im Zahlenraum bis 99

Stufe Drei:

Es gibt viele verschiedene Arten eine Zahl darzustellen.
Fülle das Arbeitsblatt aus.

63 =

= dreiundsechzig
= 63 Einer zusammen
= 6 Zehner + 3 Einer
= 60 + 3
= $6 \cdot 10 + 3 \cdot 1$

24 =

= _____
= _____
= _____
= _____
= _____

17 =

= _____
= _____
= _____
= _____
= _____

92 =

= _____
= _____
= _____
= _____
= _____

51 =

= _____
= _____
= _____
= _____
= _____

48 =

= _____
= _____
= _____
= _____
= _____

Auf die **Stelle**, fertig, **los!**

Zahlen im Zahlenraum bis 99

Stufe Drei:

Fülle das Arbeitsblatt aus.

28 = 28 Einer
= 2 Zehner + 8 Einer
= 20 + 8
= 2 · 10 + 8 · 1

53 = ___ Einer
= __ Zehner + __ Einer
= ___ + __
= __ · ___ + __ · __

65 = ___ Einer
= __ Zehner + __ Einer
= ___ + __
= __ · ___ + __ · __

41 = ___ Einer
= __ Zehner + __ Einer
= ___ + __
= __ · ___ + __ · __

78 = ___ Einer
= __ Zehner + __ Einer
= ___ + __
= __ · ___ + __ · __

32 = ___ Einer
= __ Zehner + __ Einer
= ___ + __
= __ · ___ + __ · __

19 = ___ Einer
= __ Zehner + __ Einer
= ___ + __
= __ · ___ + __ · __

90 = ___ Einer
= __ Zehner + __ Einer
= ___ + __
= __ · ___ + __ · __

26 = ___ Einer
= __ Zehner + __ Einer
= ___ + __
= __ · ___ + __ · __

54 = ___ Einer
= __ Zehner + __ Einer
= ___ + __
= __ · ___ + __ · __

Auf die Stelle, fertig, los!

Zahlen im Zahlenraum bis 99

Stufe Drei:

Schnipp-Schnapp

Man braucht:
2 Spieler, einen Würfel, Knöpfe oder Plättchen

So geht es:
Es wird abwechselnd gewürfelt. Die gewürfelte Augenzahl legt ihr als Plättchen auf die Einer-Seite.

10 Plättchen werden zu einem Zehner-Plättchen getauscht und auf die Zehner-Seite gelegt. Gewonnen hat, wer als Erstes 10 Zehner hat.

Tipp: Nehmt je eine einheitliche Farbe für die Einer und Zehner.

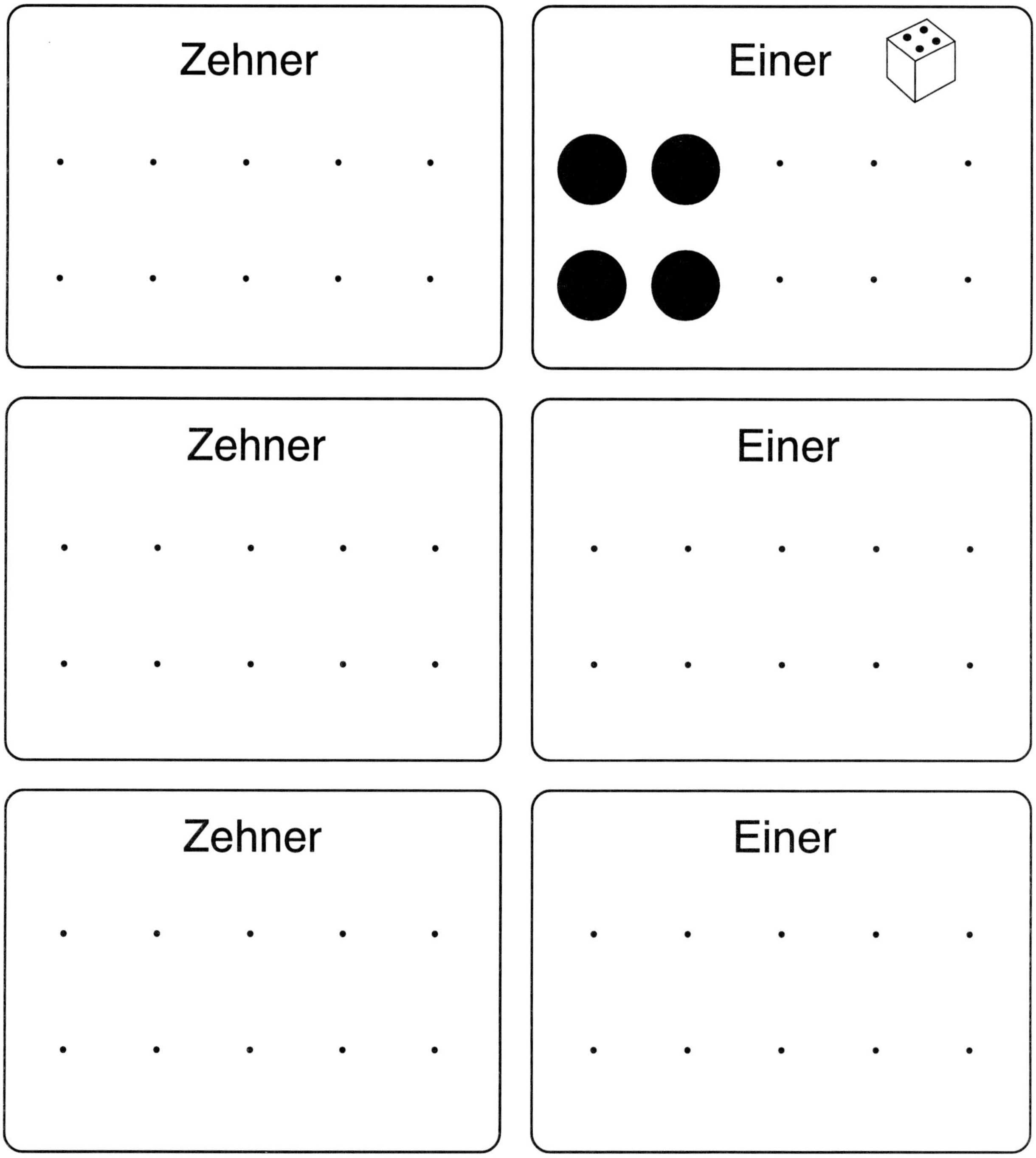

Zehner	Einer

Zehner	Einer

Zehner	Einer

Auf die Stelle, fertig, los!

72

Zahlen im Zahlenraum bis 99

Stufe Drei:

Fülle das Arbeitsblatt aus.

1

46 + 10 = ◯
46 + 1 = ◯

72 + 10 = ◯
72 + 1 = ◯

53 + 10 = ◯
53 + 1 = ◯

37 + 10 = ◯
37 + 1 = ◯

2

48 - 10 = ◯
48 - 1 = ◯

64 - 10 = ◯
64 - 1 = ◯

95 - 10 = ◯
95 - 1 = ◯

20 - 10 = ◯
20 - 1 = ◯

3 Wie viele Einer musst du abziehen, um nur noch die Zehnerzahl als

Ergebnis zu bekommen?
Schreibe die passende Aufgabe.

47   47 - 7 = 40

54 _____

78 _____

31 _____

24 _____

66 _____

18 _____

4 Wie viele Zehner musst du abziehen, um nur noch die Einerzahl als

Ergebnis zu bekommen?
Schreibe die passende Aufgabe.

26   26 - 20 = 6

37 _____

41 _____

73 _____

92 _____

18 _____

59 _____

5 Vervollständige die Aufgaben.

20 + ◯ = 26
46 - ◯ = 6
61 - ◯ = 1

35 + ◯ = 45
57 - ◯ = 27
48 - ◯ = 47

Auf die **Stelle**, fertig, **los!**

Zahlen im Zahlenraum bis 99

Stufe Drei:

Schnipp-Schnapp

Man braucht:
2-6 Spieler, ein Arbeitsblatt
und einen Würfel mit den Zahlen von
1-9 für jeden Mitspieler

Spiel 1:
Es wird abwechselnd gewürfelt.
Entscheidet selbst, ob ihr die Ziffer in
die Einer- oder Zehnerstelle schreibt.
Jeder hat fünf Würfe. Dann werden
die Zahlen addiert. Die Summe muss
kleiner als 100 sein. Derjenige, der
der Zahl 100 am nächsten kommt,
hat gewonnen.
Das Spiel sollte häufiger hinterein-
ander gespielt werden.

Spiel 2:
Diesmal soll die Summe kleiner als
60 sein.
Derjenige, der der Zahl 60 am
nächsten kommt, hat gewonnen.

Spiel 3:
Bei diesem Spiel würfelt ihr wieder
reihum, allerdings muss nun jeder
Mitspieler die gewürfelte Zahl auf
seinem Arbeitsblatt eintragen.
Während des Spiels sollte keiner
auf die Blätter der anderen gucken.
Am Ende wird zusammengerechnet
und die Strategien werden
verglichen.

Zehner	Einer

Zehner	Einer

Zehner	Einer

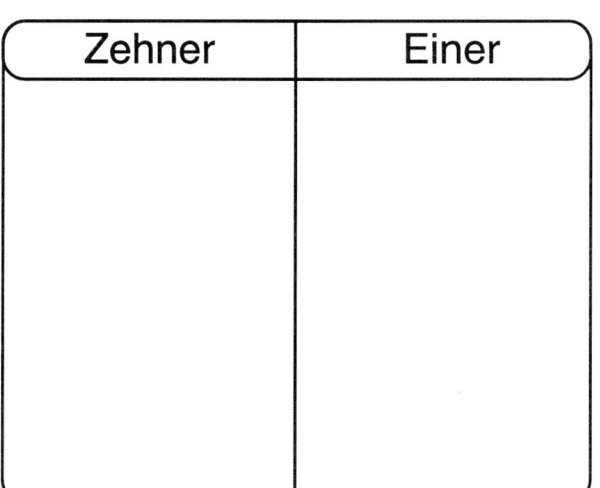

Auf die **Stelle**, fertig, **los!**

Verlag an der Ruhr

Jetzt versteh' ich das!

Es war einmal ...
Die Werkstatt zu Märchen
Christine Mell
Ab Kl. 3, 58 S., A4, Papph.
ISBN 3-86072-471-1
Best.-Nr. 2471
16,– € (D)/16,45 € (A)/31,20 CHF

Die Wörterbuch-Werkstatt
Martin Zeller
Ab Kl. 2, 49 S., A4, Papph.
ISBN 3-86072-493-2
Best.-Nr. 2493
17,– € (D)/17,50 € (A)/33,20 CHF

Leonardo da Vinci für Kinder
Eine Werkstatt
Barbara Schubert
Ab Kl. 3, 62 S., A4, Papph.
ISBN 3-86072-603-X
Best.-Nr. 2603
18,40 € (D)/18,90 € (A)/36,– CHF

Blaues Pferd und grüne Kuh
Eine Franz Marc-Werkstatt
Barbara Schubert
Ab Kl. 1, 48 S., A4, Papph.
ISBN 3-86072-484-3
Best.-Nr. 2484
16,– € (D)/16,45 € (A)/31,20 CHF

Was ist Werkstatt-Unterricht?
Anders Weber
68 S., A5, Pb.
ISBN 3-86072-377-4
Best.-Nr. 2377
6,– € (D)/6,20 € (A)/11,80 CHF

Was ist Werkstatt-unterricht?

Werkstatt-Unterricht als Methode, den SchülerInnen die Kontrolle über Lerngegenstand und -tempo zu geben, gewinnt immer mehr Anhänger – eine Methode, die das Unterrichtsgeschehen für alle daran Beteiligten wesentlich entlastet, wenn man weiß, wie's geht. Diese Broschüre erklärt step by step und sehr anschaulich: Was ist eine Werkstatt, und wo liegen ihre Stärken und Schwächen? Punkt für Punkt erobern Sie sich die Bausteine einer Werkstatt. Das fängt bei der Einrichtung der Klasse an und geht über die Rolle der Lehrperson bis zu direkt einsetzbaren Kontrollbögen und Wochenarbeitsplänen.

„Was ist Werkstatt-Unterricht" ist weit mehr als ein Appetitanreger.
Es ist schon ein echtes Handbuch für alle, die Werkstatt-Unterricht endlich selber ausprobieren wollen und sich bis jetzt noch nicht getraut haben.

Die Europa-Werkstatt
Anne-Mareike und Rainer Endrigkeit
Kl. 3–5, 84 S., A4, Papph.
ISBN 3-86072-473-8
Best.-Nr. 2473
19,50 € (D)/20,– € (A)/38,– CHF

Nordrhein-Westfalen
Eine Werkstatt
Anne-Mareike und Rainer Endrigkeit
Ab Kl. 3, 71 S., A4, Papph.
ISBN 3-86072-582-3
Best.-Nr. 2582
19,50 € (D)/20,– € (A)/38,– CHF

Vom Schaf zum Pullover
Eine Werkstatt
Sabine Choinski, Gabriela Krümmel
Ab Kl. 3, 68 S., A4, Papph.
ISBN 3-86072-683-8
Best.-Nr. 2683
19,50 € (D)/20,– € (A)/38,– CHF

Die Zeit- und Uhren-Werkstatt
Frauke Jansen
Ab Kl. 2, 59 S., A4, Papph.
ISBN 3-86072-451-7
Best.-Nr. 2451
17,– € (D)/17,50 € (A)/33,20 CHF

Verkehrserziehung
Eine Werkstatt
Sabine Willmeroth, Anja Rösgen, Brigitte Moll
Kl. 1–4, 77 S., A4, Papph.
ISBN 3-86072-600-5
Best.-Nr. 2600
19,50 € (D)/20,– € (A)/38,– CHF

Die Müll-Werkstatt
Iris Odenthal, Karolin Willems
Ab Kl. 3, 62 S., A4, Papph.
ISBN 3-86072-563-7
Best.-Nr. 2563
17,90 € (D)/18,40 € (A)/35,– CHF

Die Weltraum-Werkstatt
Diana Blum
Kl. 2–5, 62 S., A4, Papph.
ISBN 3-86072-434-7
Best.-Nr. 2434
18,40 € (D)/19,90 € (A)/36,– CHF

Vom Acker zum Bäcker
Eine Werkstatt zu Korn und Co.
Sabine Willmeroth, Anja Rösgen
Ab Kl. 2, 60 S., A4, Papph.
ISBN 3-86072-560-2
Best.-Nr. 2560
19,50 € (D)/20,– € (A)/38,– CHF

Verlag an der Ruhr • Postfach 10 22 51 • D–45422 Mülheim an der Ruhr
Tel.: 0208/495040 • Fax: 0208/4950495 • E-Mail: info@verlagruhr.de • http://www.verlagruhr.de

www.verlagruhr.de

Geometrie: So geht's

1. bis 4. Schuljahr
Birgit Brandenburg
Kl. 1–4, 69 S., A4, Papph.
ISBN 3-86072-638-2
Best.-Nr. 2638
18,60 € (D)/19,15 € (A)/36,40 CHF

Lang, länger, am längsten

Eine Mathe-Werkstatt
Carmen Hansel
Kl. 2–4, 65 S., A4, Papph.
ISBN 3-86072-637-4
Best.-Nr. 2637
17,90 € (D)/18,40 € (A)/35,– CHF

Toll, toller, tolerant

Grundschulkinder lernen
Verständnis füreinander
Karina und Romana Merks
8–12 J., 122 S., A4, Pb.
ISBN 3-86072-649-8
Best.-Nr. 2649
19,50 € (D)/20,– € (A)/38,– CHF

Kinder lernen zusammen streiten und gemeinsam arbeiten

Ein Mediations- und
Gewaltpräventionsprogramm
Naomi Drew
Ab 6 J., 210 S., A4, Pb.
ISBN 3-86072-488-6
Best.-Nr. 2488
21,50 € (D)/22,10 € (A)/42,– CHF

Die Regenwurm-Werkstatt

Corinna Locker
Kl. 3–4, 57 S., A4, Papph.
ISBN 3-86072-435-5
Best.-Nr. 2435
16,– € (D)/16,45 € (A)/31,20 CHF

Mäuse, Money und Moneten

Eine Werkstatt zum Geld
Kathrin Zindler, Stefanie Wieringer,
Alexandra Kommescher
Kl. 3–4, 53 S., A4, Papph.
ISBN 3-86072-665-X
Best.-Nr. 2665
16,– € (D)/16,45 € (A)/31,20 CHF

ABC lernen

mit Gedichten, Bildern
und Arbeitsblättern
Astrid Grabe, Tanja Schmidt (Illustr.)
Kl. 1, 170 S., A4, Pb.
ISBN 3-86072-648-X
Best.-Nr. 2648
19,95 € (D)/20,50 € (A)/39,– CHF

Theater-Spiel-Training für Kinder

Alles für den großen Auftritt
Lisa Bany-Winters
Ab 8 J., 173 S., A4-quer, Pb.
ISBN 3-86072-565-3
Best.-Nr. 2565
20,40 € (D)/21,– € (A)/39,80 CHF

Literatur-Werkstatt zum Jugend-
buch von Joanne K. Rowling:

„Harry Potter und der Stein der Weisen"*

Anne-Mareike und Rainer Endrigkeit
Kl. 3–5, 70 S., A4, Papph.
ISBN 3-86072-651-X
Best.-Nr. 2651
18,40 € (D)/18,90 € (A)/36,– CHF

Kinder lernen den Islam kennen

Ruth Parmiter, Monica Price
Ab Kl. 3, 50 S., A4, Papph.
ISBN 3-86072-681-1
Best.-Nr. 2681
17,– € (D)/17,50 € (A)/33,20 CHF

Literatur-Werkstatt:
„Elmar"

Ursula Arndt
Ab Kl. 1, 67 S., A4, Papph.
ISBN 3-86072-606-4
Best.-Nr. 2606
18,40 € (D)/18,90 € (A)/36,– CHF

Literatur-Werkstatt:
„Wuschelbär"

Ursula Arndt
Kl. 2–3, 62 S., A4, Papph.
ISBN 3-86072-641-2
Best.-Nr. 2641
17,90 € (D)/18,40 € (A)/35,– CHF

Harry Potter ist eine eingetragene Marke der Time Warner Co.

Easy English Songs

Traditionals zum Mitsingen mit
Arbeitsblättern, Texten und Noten
Jörg Meier
Ab 4 J., 62 S., A4, Brosch., CD
ISBN 3-86072-675-7
Best.-Nr. 2675
20,– € (D)/20,50 € (A)/39,20 CHF

55 Five-Minute-Games

Sprachspiele für den Englischunterricht
Christine Fink
Kl. 1–6, 68 S., A5, Pb.
ISBN 3-86072-680-3
Best.-Nr. 2680
7,– € (D)/7,20 € (A)/13,70 CHF

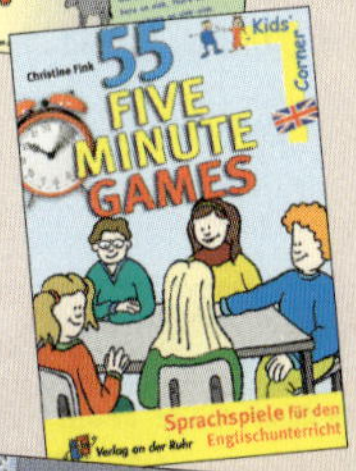

Kids' stuff – Spielen, singen, sprechen

Englisch für die Grundschule
Reka Tokes
Kl. 1–4, 92 S., A4, Papph.
ISBN 3-86072-438-X
Best.-Nr. 2438
19,60 € (D)/20,15 € (A)/38,20 CHF

The Seasons – Spring and Summer

Eine Englisch-Werkstatt
Susanne Bär
Ab Kl. 3, 55 S., A4, Papph.
ISBN 3-86072-678-1
Best.-Nr. 2678
17,50 € (D)/18,– € (A)/34,20 CHF

Kids' Corner

Verlag an der Ruhr • Postfach 10 22 51 • D-45422 Mülheim an der Ruhr
Tel.: 0208/495040 • Fax: 0208/495 0495 • E-Mail: info@verlagruhr.de • http://www.verlagruhr.de